INTRODUCING HEIDEGGER: A GRAPHIC GUIDE by
Jeff Collins & Howard Selina
Copyright:©2016 ICON BOOKS LTD
Text copyright: ©1998 Jeff Collins,
Illustrations copyright ©1998 Howard Selina
This edition arranged with ICON BOOKS LTD
through BIG APPLE AGENCY, INC.,LABUAN, MALAYSIA.
Simplified Chinese edition copyright:
2020 SDX JOINT PUBLISHING CO. LTD.
All rights reserved.

本成果受到中国人民大学2019年度中央高校建设世界一流大学
（学科）和特色发展引导专项资金支持。

图画通识丛书
A Graphic Guide

海德格尔

**Introducing
Heidegger**

杰夫·科林斯（Jeff Collins）/ 文
霍华德·塞利纳（Howard Selina）/ 图
汪海 / 译

Simplified Chinese Copyright © 2020 by SDX Joint Publishing Company.
All Rights Reserved.
本作品简体中文版权由生活·读书·新知三联书店所有。
未经许可，不得翻印。

图书在版编目（CIP）数据

海德格尔／（英）杰夫·科林斯文；（英）霍华德·塞利纳图；汪海译.—北京：生活·读书·新知三联书店，2020.9（2025.5重印）
（图画通识丛书）
ISBN 978-7-108-06925-2

Ⅰ.①海… Ⅱ.①杰… ②霍… ③汪… Ⅲ.①海德格尔(Heidegger, Martin 1889-1976)－哲学思想－研究 Ⅳ.① B516.54

中国版本图书馆CIP数据核字（2020）第142388号

责任编辑	李静韬
装帧设计	张　红
责任印制	卢　岳
出版发行	生活·讀書·新知 三联书店
	（北京市东城区美术馆东街22号 100010）
网　址	www.sdxjpc.com
图　字	01-2019-1206
经　销	新华书店
印　刷	北京隆昌伟业印刷有限公司
版　次	2020年9月北京第1版
	2025年5月北京第2次印刷
开　本	787毫米×1092毫米 1/32 印张5.75
字　数	50千字 图174幅
印　数	08,001-11,000册
定　价	38.00元

（印装查询：01064002715；邮购查询：01084010542）

目 录

- 001 从一个问题开始
- 002 什么是存在?
- 004 哪一个海德格尔?
- 005 否定海德格尔
- 006 肯定海德格尔
- 008 海德格尔的社会批判
- 009 有待发现的海德格尔
- 010 海德格尔与纳粹
- 012 在物的世界中追问存在
- 014 奇异时刻
- 018 自然态度
- 019 存在者与存在
- 022 顺从的虔敬:从神学起步
- 024 虔诚的反抗
- 025 "存在"的含义
- 026 实体的准则
- 029 经院哲学
- 030 现代哲学
- 031 笛卡尔的遗产
- 032 现象学
- 033 第一次世界大战
- 035 朝向纯粹意识
- 037 意识中的客体
- 038 唯我主义
- 039 先验自我
- 041 海德格尔与现象学
- 042 现象学的局限
- 043 实践的世界
- 044 亚里士多德的实践智慧
- 045 海德格尔的"解构"
- 046 实际生活
- 048 实际性的诠释学
- 049 此在
- 051 《存在与时间》

- 052 对此在的分析
- 053 在世界中存在
- 054 现成在手之物
- 055 领会
- 056 情态
- 057 笛卡尔的失忆
- 058 在世界之中……
- 059 ……之中性
- 060 世界上的位置
- 061 与他人共在
- 062 常人
- 063 他人的专制
- 064 大众社会
- 065 工业化的痛苦,商业化的幸福
- 066 流行文化和常人
- 068 平均状态
- 069 沉沦
- 070 被抛和筹划的可能性
- 071 操心
- 072 时间的哲学
- 073 线性的时间
- 074 柏格森的时间
- 075 胡塞尔的时间意识
- 076 时间统一体
- 077 时间与操心
- 078 必死性
- 079 内在于生命的死亡
- 080 时间与历史
- 081 海德格尔的家用器具博物馆
- 082 本真状态
- 084 存在主义哲学家
- 086 人道主义的历险
- 087 对主体性的批判
- 089 伦理与价值
- 090 海德格尔的神学
- 091 主妇与女仆
- 092 去神话化的神学
- 093 决断与行动
- 094 政治与哲学
- 096 纳粹大事记
- 097 重生的政治
- 098 危机与民族
- 099 德意志性与乡村主义
- 100 乡村神话
- 101 炉边哲学
- 102 源始语言
- 104 民族、危机和存在
- 106 政治争议

108	保守主义革命	136	因诗之名
109	质疑沉默	138	荷尔德林的影响
110	托特瑙山	139	诗人的怀念
111	存在的真理	143	旅行
112	通向真理的两条道路	144	归家
113	真理的真理	145	四重结构
114	去蔽:从胡塞尔到海德格尔	148	基调与聚集
115	明敞	151	跳脱西方思想?
116	敞开、澄明与到场	152	帝释天的宝石网
118	去蔽中的遮蔽	153	理性的原则
119	揭示的边界	154	理性与存在
120	遮蔽之光	155	存在的游戏
122	逻辑学的废墟	156	词语与书写
123	朝向"思"	158	技术与现代性
124	海德格尔论艺术	159	"技艺"一词已被遗忘的意义
126	纳粹对"堕落艺术"的批判	160	技术的揭示效果
127	存在的空间	161	技术的危险
128	根本斗争	162	拯救的力量
129	前苏格拉底之思	163	生态学与根本之思
130	赫拉克利特	164	存在的历史
131	艺术作品	165	根本问题
132	鞋子揭示了什么?	166	海德格尔的影响
134	神庙	167	后结构主义者
135	动态的艺术	168	海德格尔的解构

169 **去神话化的海德格尔**

170 **海德格尔的问题**

173 **延伸阅读**

174 **致谢**

177 **索引**

从一个问题开始

系动词"是"(is)是英语里最常见的单词之一。使用时,我们几乎注意不到它的存在。没有它,我们将很难说话、写作和思考。然而,很少有人会问:

什么是存在(is)?

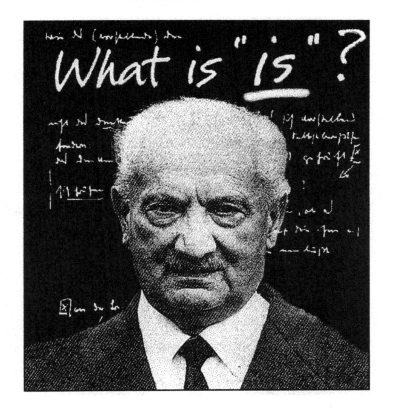

对哲学家**马丁·海德格尔**(1889—1976)来说,这种忽略是惊人的。被忽略的不仅仅是一个词语,还有这个词语可能引发的所有联想。

什么是存在?

"is"是动词不定式"to be"的一部分,是存在(being)的动词形式。问"什么是'存在'"就是在提出一个关于存在的问题。这是海德格尔的核心关注。

一个奇怪的关注点?海德格尔提出了振聋发聩的观点。

> 西方思想已经忘记向存在发问,这不是最近才发生的,这是一个长达2500年的遗忘过程。

海德格尔的目标就是回到这一问题本身。怎样才能理解存在?有没有可能形成一种直面"存在"的**全新立场**?转变过去两千多年的思想轨迹?

对海德格尔来说，西方思想处于危机之中，除了西方的哲学，还有西方的自然科学、其他人文科学和日常话语都是如此。直面"存在"意味着：摆脱传统思路，质疑传统的方法、概念和基本的假设。

> 这意味着提出一种以全然不同的方式展开的思想。

还没有哲学家对哲学提出这样激进的颠覆计划。

这使海德格尔进入一些奇特而又有争议的领域，既保守又革命，既是世俗的又是神学的，既反传统又追本溯源，在向后看的同时又提出一种面向未来的思想，这一思想的轮廓仍未定型。

哪一个海德格尔?

很自然,读者一直在以多种不同的方式解读海德格尔。人们经常说,存在很多个海德格尔。

- 延续了德国唯心主义哲学传统的海德格尔,专注于那些深奥的根本性问题——时间、死亡和人类生存的潜在焦虑。

- 作为学者的海德格尔,处于"欧陆哲学的核心地位",与 20 世纪最重要的思想潮流都有交集,质疑哲学的"伟大传统"……

- 神学向度的海德格尔,为现代基督教思想提供哲学基础……
- ……还有多面向的海德格尔,他们会否认下面这些判断:一个彻底世俗主义的海德格尔,一个后神学的海德格尔,在回应"上帝之死"的同时,却在神秘主义传统、东方宗教中探寻宗教思想的遗存,等等。

否定海德格尔

另有一个深奥、晦涩、不可理喻和含混的海德格尔——英美的分析哲学家们都非常讨厌的家伙;还有一个危险、不可靠和投机的海德格尔;或者是一个崇尚神秘主义和蒙昧的海德格尔;甚至是一个自以为是,同义反复、沉浸于自说自话的伪问题中的海德格尔……

对存在发问?这是在对一个绝对预设进行毫无意义的追问。即便真的把它当成一个问题,也没法回答它……海德格尔表现出令人吃惊的无知和毫无操守的歪曲,客观说这是江湖骗子的行径。
——英国分析哲学家,A. J. 艾耶尔(A. J. Ayer),1982年

海德格尔的著作带有德国浪漫主义哲学最后一线令人失望的闪光。他的代表作《存在与时间》天书般晦涩难懂,当然也有可能纯粹就是胡扯——那它反而简单得可笑至极了。我不知道怎么评价它,也没有见到有人甚至想要理解它。
——英国保守主义哲学家罗杰·斯克鲁顿(Roger Scruton),1992年

肯定海德格尔

也有人从积极的方面肯定海德格尔:

- ……将**现象学**(关于**意识**的哲学)从它自身建构的藩篱中解救出来。
- ……对现代**诠释学**(从哲学角度研究我们如何进行**解释**)做出了很大贡献,是影响诠释学理论家伽达默尔的关键人物。

- ……对20世纪**存在主义**及其代表人物梅洛-庞蒂和萨特影响深远。

● ……**后结构主义**的先驱,预示了最近几十年哲学与抽象理论最具革新意义的发展,对那些最终选择不同进路的思想家也具有决定性影响。

比如:哈贝马斯

马尔库塞

福柯

以及其他许多人。

● ……一个**解构主义**的海德格尔,是解构主义倡导者德里达最重要的思想来源。

海德格尔的社会批判

还存在进行社会与文化批判的海德格尔……

- 海德格尔反对**现代工业社会**的现状,以及它的大众文化和技术化的思维模式。

- ……相应地就存在着一个倡导保守的**乡村主义**的海德格尔,怀恋农业化的过去、它的传统生活方式和它稳定的传统与习俗……

- 作为最初的**生态主义者**的海德格尔,他为"深度生态学"奠定了基础,他的思想方法超越了以往"无限索取和无休止挪用"的路数。

有待发现的海德格尔

还存在**尚未为人所知的**海德格尔……

● 海德格尔还有相当数量的作品并未出版。1974 年,他开始协助筹划一部文集,即《海德格尔全集》(*Gesamtausgabe*),但其编辑和出版的任务还远未完成。这是一个尚未到来的海德格尔,仍在等待中。

● 海德格尔的个人文献现存于马尔巴赫(Marbach)的德国文学档案馆,但是获取这些资料是严格受限的……

—— 一个**私人化的**海德格尔,大部分还没有被公开。

海德格尔与纳粹

因此"海德格尔"是一个包含多种可能性的名词,它的出现往往会引来许多争议。其中讨论最为激烈的话题就是海德格尔与纳粹主义的关系。

听起来有点怪,这变成了阅读海德格尔的一个重要原因。讨论的焦点是哲学的政治性,包括政治力量如何影响到哲学并通过哲学发挥它的影响,哲学的依附关系和哲学的责任。

对许多读者来说,这不仅仅是一个历史问题。它还与当下的问题紧密相连,即如何回应各种新兴的纳粹主义,这些纳粹思潮重新出现时使用了新的名字,而且也没有清晰可见的纳粹标记。

海德格尔在政治上还有多重面相……

1930年代,海德格尔曾是德国国家社会主义的积极支持者,后来他也从未彻底收回或者宣布放弃他曾公开表达的观点。

● 这是海德格尔采取的权宜之计吗?形势所迫或者在政治上被人误导?

● 或者这是更深层面的、更隐蔽的问题,与他的哲学紧密相连?这是海德格尔的另一种面相:一个**保守主义的革命的**思想家,构建出一种"浪漫与铁血"的话语,堕入对源始日耳曼民族性的迷恋。

不论是在哲学、神学的向度上,抑或是社会经济、政治的向度上,海德格尔的形象都还是暧昧不清的。关于他,许多面相看起来互不相容,而且几乎所有面相都充满争议。

不过,其中最为稳定的面相或许就是他是一个"探讨存在的哲学家"。这究竟是什么意思?关于存在,真的**存在**任何问题吗?如何可能提出这样的问题,更不要说回答它了?

在物的世界中追问存在

追问"存在"或许听起来是波澜不惊之举,根本不可能颠覆世界的惯常秩序。而存在让人感觉完全是**哲学的**话语,曲高和寡又抽象;也许它不过是专门由哲学家发明出来,又专门为哲学家使用的一个具有高度概括性的概念。

事实上,"存在"一词如此抽象,以至于它失去了具体意义……

海德格尔的思想资源、风格、方法和步骤——以及他使用的概念和术语——都将与众不同。

但是,"存在"为何如此令人困扰?我们每天都要接触"存在"的事物;比如镜子或者云彩,CD或者十四行诗,雨水或者城市。

海德格尔想要建立对于这一事实的崭新意识。这种对难以捕捉的"存在性"(is-ness)有所觉察的意识有可能产生,但它肯定不会是一种遵循常规的意识。

这样的意识会是什么样的意识呢?

首先,要求助于文学,比如,德国诗人、散文家**里尔克**(1875—1926)的作品,他是海德格尔最喜欢的作家。

奇异时刻

里尔克经常用文字努力描述生命中的奇异时刻,在这样的时刻,存在的事实(fact of existence)——**的确**有什么存在着——好像使自己被人感觉到了。

在《关于诗人》(*Concerning the Poet*,1912年)中,里尔克的诗人——一位讲述者从希腊的菲莱岛(Philæ)乘轮渡驶入公海。一路几乎无事发生。但里尔克感兴趣的并非通常意义上的**事件**。他所理解的事件具有不同的结构。

我的面前有十六个桨手。他们几乎什么也看不见,双眼圆睁,凝视的视线投向空中……

但有时,我能在思想深处理解他们中的一个,他在沉思面前被掩盖的奇怪现象,或者在思考可能揭示现象之本质的场景……

一旦被人注意，他立刻失去了深思的表情，
有那么一瞬，他处于迷茫的感受中，
继而，他会尽可能快地回到初始状态，
恢复动物般充满警觉的凝视……

……直到美丽的严肃表情再次变成因收到小费
而露出的惯常的愚蠢嘴脸，准备呈现因表达谢
意而造成的一切扭曲，这扭曲让人感到羞辱。

里尔克关心的问题与海德格尔很像。

首先,对存在的有价值的追问不可能很快得到答案。事物的存在是"奇怪的"和"被掩盖的",既非直接**给予**观察者,也非立刻给出。**存在**之物可能被揭示,也可能不被揭示。许多哲学家都注意到,或许存在着某种存在之"谜"。

用里尔克的话说,"被掩盖的奇怪现象……揭示其本质的可能场景"。

其次,沉思和沉思产生的揭示会被日常世界的需要所覆盖,因此遗失;比如忙于挣小费,满足诗人、游客或者别人的要求。……立刻失去深思的表情,出现了片刻的迷茫,回到……惯常的接受小费时露出的愚蠢嘴脸。

存在的问题会被回避。我们想当然地接受了事物的存在,不再发问,转而关注实际的日常事务……

不过,是谁在关注着这一切?当然是诗人。

对里尔克来说,存在是诗人的关注点。诗人应该言说存在,说出我们对存在的意识。

对存在的发问或许需要诗的语言……

这一点哲学家也注意到了。这是否意味着所有逻辑、理性、真理、证明和系统化论证的终结?

我们可以把一切关于存在的问题都交给**逻辑推理**或者**科学方法**:比如通过积累关于这个世界的事实;专注于描述事物是怎样的,而非事物是什么……

自然态度

所以,里尔克和海德格尔不过是在捕风捉影,他们追问的只是哲学故弄玄虚的伪问题?"存在"是非常容易理解的事情,根本犯不着诗人、哲学家如此劳师动众?

我们如何知道事物存在?如果能够看见、听见或者感觉到,那它们就存在。**感官知觉**为我们提供了途径和答案。里尔克和他诗中的桨手是在追逐纯粹虚幻的世界,本质上是无法检验、不可证实,或许也是荒谬的。

这种态度在哲学上有与之对应的思想。比如,**经验主义**。

经验主义认为,知识必须来自对世界的经验,"直接"的感官知觉至关重要。观察和实验将会主导一切。

实证主义则更进一步。应该效仿科学的方式从事哲学……

从这样的视角出发,关于存在的**问题**根本就不成立。存在是一个基本前提,是我们在承认其他一切事物之前所作的**设定**。

存在者与存在

海德格尔对所有的经验主义、实证主义哲学,对传统的科学思维方式都抱有深刻的怀疑。如果思考、谈论存在需要使用神秘的、诗性的语言,那就这样吧。经验主义哲学和科学就到此为止吧……

海德格尔为此做了一个极其关键的区分:**存在者**(beings)与**存在**(BEING)。

存在者(Seiendes,或者单数 das Seiende)指的是**实体**,具有可以定义或确定自身的属性。

它们是"存在着的",或许是世界里的"物",或许是事件、关系或者过程……它们可以作为科学和日常知识的对象加以研究……

存在(Sein)指的是这些实体的**存在**,是存在本身,即这样的事实——这些存在着的东西具有存在,它们**存在**。

这才是哲学应该思考的。

为了突出海德格尔所作的区分,有些英语翻译使用了一个大写字母:存在者(beings)与存在(Being)……

所以海德格尔区分了……

存在的事物（多种多样的实体）——**存在者**……

和

它们存在……
（这些实体的"存在"）……
存在……

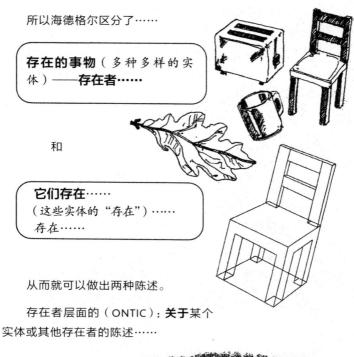

从而就可以做出两种陈述。

存在者层面的（ONTIC）：**关于**某个实体或其他存在者的陈述……

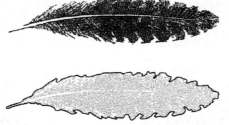

存在论层面的（ONTOLOGICAL）：关于这些实体之**存在**的陈述……

海德格尔将**存在**本身和关于它的存在论陈述作为自己的研究领域。在他看来，科学和许多西方哲学都试图积累"关于具体的实体的知识，包括它们的属性，它们彼此之间的关系"，等等。

但是这种对于**存在者**的执迷、对于**存在者层面**的知识的执迷，导致了对存在的遗忘。

主要难点：存在不是**一个**存在者。它不是一个实体。它不是一种关于实体的类别或范畴，也不是实体的某种属性或者特点。

存在和存在者是**不同的**。海德格尔称之为"存在论区分"（ontological difference）……

> 所以存在不是任何"东西"。它不能被感官所触及。你不可能走过去看看存在，也无法偷听它，发现存在正在干什么……

> ……你没法移动存在，关键的是，你没法出售它——我们怎么可能知道它应该卖多少钱呢？

存在拒绝感官的把握、描述、处置、商品化、测度等，存在拒绝我们在处理和思考存在者时采取的那些惯常方式……

这就是为什么里尔克认为舵手是值得发问的。

顺从的虔敬:从神学起步

海德格尔不是突然想起对存在发问的。他花了约十年时间大量阅读哲学和其他领域的著作。对存在的思考,即本体论,在公元前 5 世纪肇始于古希腊,从那时起一直是西方哲学的重要组成部分。

这是一份长长的书单……

……但是我在大学学习的是神学……

这是一条有家族渊源的求学轨迹……

海德格尔出生于巴登—符腾堡州(Baden-Wüttemburg)梅斯基尔希镇(Messkirch)一个虔诚的小资产阶级天主教家庭,他的父亲是圣马丁教堂的司事。这里是古代南德施瓦本(Swabian)地区的核心地带,民风保守而又节俭;立足于乡村的农业经济,依赖社会的等级制,历史悠久的土地所有制、劳作、宗教传统和习俗。

海德格尔原本是要成为教士的。

他在弗莱堡（Freiburg）接受中学、大学教育的同时，还在耶稣会神学院接受培训。1909年，他获得教会的奖学金进入弗莱堡大学。

弗莱堡通向一个不同的世界，一个以**现代性**为标志的世界：正在兴起的大都市，便捷的交通与电信（为各种贸易提供服务的电话），工业化，机械化（新的劳动模式，新型的社会生活）。

> 一个新发明的世界，充斥着现代主义的修辞：进步，改变，崇尚新事物。

弗莱堡虽然不大，且地处乡村，但和许多欧洲著名高校联系密切（维也纳，海德堡，马堡，哥廷根，斯特拉斯堡，苏黎世）。这些大学保护了许多"新的思想观念"。

海德格尔进入的世界，是一个传承与变革、稳定存在与动态流变频繁交织、碰撞的世界。

虔诚的反抗

海德格尔起初从事的是神学研究:"旧约"与"新约"经文、弥赛亚的预言、启示理论、道德神学、教会法规、神学宇宙学等等。但在 1911 年他退出了担任神职人员必需的专业培训,转而学习数学,然后是哲学:哲学史和哲学的各个分支——认识论、形而上学、逻辑学、伦理学等。不过……

"存在"的含义

在这些研究中,海德格尔始终关注的问题是:"存在"这个术语对于使用它的不同的人来说具有不同的含义。这一发现后来就引起了他对存在的第一次发问:存在的意义是什么?

一个 18 世纪中期以来的传统提供了框架……

哲学有三个重要时期:**古希腊哲学**、**中世纪经院哲学**和**现代哲学**。海德格尔研究了这三者,并将它们彼此对参。

首先是古希腊哲学。

对柏拉图(公元前 427—前 347)来说,所有存在者都依据一个理想的、完美的、不会变化的"理式"而存在……

我们经验到的可见、可听、可触摸的存在者,都不过是对理想存在者的不完美反映或是其摹本。

对海德格尔以及其他许多人来说,亚里士多德(公元前 384—前 322)是一个比柏拉图更有参考价值的思想家。

亚里士多德对存在论做出很大贡献,尤其他提出的范畴论对中世纪思想影响很大,甚至惠及现代思想。

实体的准则

实体就是某物在自身之中,可以被辨认,并与其他实体相区分:比如,动物和植物,恒星和行星,还有人造物,比如桌子、椅子和工具等。

如果我们问"它是什么?",可以回答它是**这个**或**那个**,比如它是一只老鼠或者一颗恒星,一个哲学家或者一把伞。

所有其他的范畴都是这些实体的**属性**。属性就是实体具有的某种性质或者特点，比如一个实体可能是紫色的，或柔韧的，有毒的，或者具有渗透性的。

所以，我们可以询问一把伞的属性……

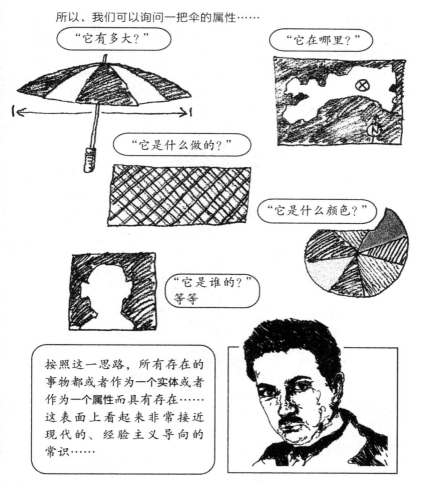

"它有多大？"

"它在哪里？"

"它是什么做的？"

"它是什么颜色？"

"它是谁的？"
等等

按照这一思路，所有存在的事物都或者作为一个实体或者作为一个属性而具有存在……这表面上看起来非常接近现代的、经验主义导向的常识……

但是也可以有另一种陈述："**那把伞存在**。"我们宣布它存在，它处于存在状态。它**既不是**作为一个实体，**也不是**作为一种属性而**存在**。这就是海德格尔遭遇的问题。

亚里士多德对存在者进行了分类，但没有对存在给出令人满意的解释。每个范畴都标识出**一种存在的类型**，它如何可以被认识，但是没有就存在本身提出一个单一的、统一的概念……

亚里士多德意识到这个问题，尝试过许多解决办法，但**实体**的概念对他来说一直是存在的基础。它已经成为西方**存在论**的首要组成部分。

然而，实体的概念也有问题……

比如，实体的概念可以令人满意地解释数学或者逻辑上存在的东西吗？"3"也许存在，但它是作为数学概念而存在的，这和雨伞作为现实工具的存在方式可不一样。同样地，"悲伤""快乐"或其他心理状态虽然的确存在，但它们却无法挡雨……神学上存在的东西拒绝人们把它当作实体来描述……

在我看来，"实体"无法解释现实的不同模式：物理的、数学的、逻辑的、心理的、形而上学的……

海德格尔不接受一直居于统治地位的实体思想，他**借用**中世纪基督教的方式解读亚里士多德的存在论……

经院哲学

从约公元 800 年起,基督教神学家们就开始接受古希腊哲学。哲学会压倒神学吗?或者二者最终有可能融合,就像 13 世纪经院哲学家**托马斯·阿奎那**(Thomas Aquinas,1225—1274)和**邓斯·司各脱**(John Duns Scotus,1266—1308)所认为的那样?事实上,这两位思想家在解读亚里士多德时,都避免违背基督教神学。

海德格尔在 1915 年写过一篇论文,研究据信是司各脱的一个文本。司各脱是苏格兰圣方济各会的教士,在牛津和巴黎担任教师。经院哲学如何探讨"存在"呢?

司各脱保留了亚里士多德的存在论,但微妙地改变了它的侧重点。重要的不再是不同的存在物如何被认识,而是它们如何被认为是存在的。

这对海德格尔来说非常重要。和其他经院哲学家一样,司各脱也认为亚里士多德的存在论没有给上帝留出位置,而上帝对基督教神学家来说当然是非常重要的存在者。上帝是超验的存在者、没有起因的第一推动力,所以他必须包容和生成所有别的存在者——所有实体和属性。

上帝是与众不同的存在者,把上帝的存在直接添加到亚里士多德的范畴表里是不行的。事实上,现在"上帝"取代"实体"成了存在的基础、源头和解释。

现代哲学

海德格尔逐渐意识到，所有为存在寻找基础的努力——比如实体或者某个超验的超级存在者——其实都在**回避**对存在本身的追问。这样的策略都是"神学本体论"（onto-theologies）：这些理论都认为存在以别的东西为基础，结果把人们对存在本身的关注转移了。

还有另外的思想进路吗？海德格尔对古希腊哲学和经院哲学都很不满，于是开始钻研现代哲学。

关键性的发展是笛卡尔的理性主义。

我思故我在。

笛卡尔（1596—1650）提出**主体**与**客体**的区分：认识的主体就是有意识的、理性的思想，即自我，自我的思维过程提供经过确证的关于"客体"世界的知识，那些客体在主体之外。

笛卡尔的遗产

哲学产生了新的方向。哲学必须阐释主体的意识、它思考的模式以及它与客体——那些"就在那里"(out there)的东西——的关系,意识思考的对象就是客体。

主客体的区分、对理性意识的强调,成为18世纪启蒙哲学的强大工具。笛卡尔的思想传统后来遭遇了一个激进的革新者**埃德蒙特·胡塞尔**(1859—1938),数学家、逻辑学家和现代**现象学**的奠基人。

海德格尔早在求学时期就痴迷于胡塞尔的著作,二者有很深的思想渊源。

现象学

"从在神学院学习的第一个学期开始,1901 出版的两卷本《逻辑研究》(*Logical Investigations*)就一直放在我的书桌上。我为它痴迷,此后反复阅读。这种魔咒般的魅力甚至延伸到它的句子结构和扉页的外观上……"

这本书不仅仅是令人沉迷的法宝。

1916 年,胡塞尔赴弗莱堡任哲学教授,1919—1923 年,海德格尔担任他的助手。现象学的魅力究竟在哪里呢?

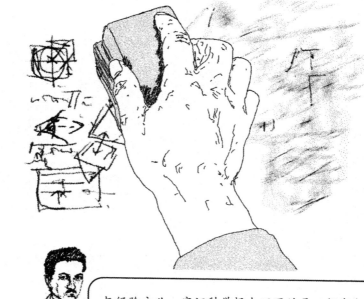

与经验主义、实证科学根本不同的是,胡塞尔提出要研究意识,而且研究的不是通过实验搜集而来的心理学意义上的具体个案,而是人类精神的**普遍真理**。

第一次世界大战

人类精神的普遍真理,在 1914—1918 年这个时期情况如何?

在这几年,欧洲各国约有 1500 万人为各自的资本主义利益而相互屠杀。列宁创建了世界上第一个社会主义国家,1918 年德国的王朝统治被推翻,曾短暂成立了一个革命的苏维埃政权。

海德格尔与现象学的深刻相遇就发生在此时。然而,对于这些历史事件他缄口不提。

1914—1915 年,他的前三次兵役都很短暂,共十个星期,因健康不佳而中断。从 1918 年 9 月以后的四个月时间里,他一直随德军驻扎在西线,阻挡美国军队的进攻,当时交战双方正在磋商停战协议。在此期间,海德格尔完成了博士论文,自 1915 年起讲授天主教哲学,又在 1916 年夏结识未来的妻子艾尔芙丽德·佩特里(Elfriede Petri),两人于 1917 年结婚。1917 年,他与胡塞尔建立了个人联系,还遭遇了一次信仰危机——艾尔芙丽德是一名路德宗信徒。1919 年,他宣布放弃天主教信仰。

战争对海德格尔的作品有没有影响？他的长期缄默可能意味着冷漠、压抑，或是一种替代品，也可能是他拒绝承认时势的重要性。不过，我们可以在他的晚期作品中发现一些端倪，这些作品流露出强烈的危机感和无政府的个人主义思想——他认为这是人类超越自身处境的唯一途径。

而令人更加忧虑的是，他非常推崇记者、小说家**恩斯特·云格尔**（1895—1998）宣扬的集权社会思想，并和后者过从甚密。

那么他是否也很推崇云格尔的《钢铁风暴》(*The Storm of Steel*)和《火与血》(*Fire and Blood*)呢？在这两部作品里，云格尔将他的战争体验转化为一个保守主义-无政府主义的神话，极力宣扬男子气概，讴歌暴力。

战争并非灾难，它是启示，带来健康……

对此，我们无法确定。但是，海德格尔首要关注的是**现象学**那个非常不同的世界，是胡塞尔对于"纯粹意识"非常具体、逻辑化和痛苦的寻找。

朝向纯粹意识

现象学有很独到的地方,带有存在论的意涵(胡塞尔称之为"关于**绝对存在**的哲学")。追溯胡塞尔的方法也是追寻海德格尔早期的思想轨迹。

胡塞尔如何找到他所说的"普遍真实"的意识呢?

"通过现象学的还原。悬置一切对于具体个例的关注,把它们放到括弧里……将它们从场景中移除,剩下来的将是意识本质的、普遍的结构。"

还原一:

首先要移除的就是现实。胡塞尔强调:现实当然是存在的。但是现实中的客体并非**意识中**的客体。对现实客体的研究可以放心地交给实证科学。真正的现象学家并不关心现实客体。

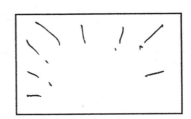

这是一个令人惊讶的策略。如果我们继续第二个步骤"加括弧",就会理解这样做的深意。

还原二：

将意识的**对象**和**行为**都隔开。**客体**在意识中出现。而要在我们的意识中出现，必然需要某种精神活动或者**行为**的运作。这也必须加以研究。

比方说，我们可以在意识中想象或者说建构"一本放在蓝色桌子上的白色的书"。"第一次世界大战的起因"也可以这样被建构出来……

这些就是出现在意识中的客体（即使我们在指称现实中的客体时用的也是客体这个词）……

胡塞尔称意识中的客体为意向对象（noemata）。

即便如此，建构意向对象的意识**行为**并不是白色的，也不在桌子上，更不会引发已经爆发过的战争。

意识行为包括分析、判断、反思、评判、谋划等；还包括想象、意愿、记忆、预期、希望等。胡塞尔的术语是意向行为（noeses）。

意识中的客体

关键的是,对象不必有现实的、真实的存在。作为一个意识的对象,"半人马"和"英国首相"的地位是一样的。它们处于同一个领域。

甚至连一位现实中的首相也可以在意识中出现,并被描述为"虚构"或"回忆"……再或者的确被描述为一个"活生生的人"。这取决于意识**行为**究竟是想象、回忆,还是对"真实"的某种判断、预期或谋划。

唯我主义

感官知觉能够提供对于真实、对于存在之物的确切认识吗？感官知觉可能是虚幻的、妄想的或欺骗性的（比如木棍在水中看起来折了，但其实根本没有）。

在现象学层面唯一可以确定的是，我们在意识中体验到，存在着一种知觉。

从这一点会得出什么结论呢？

所有存在的东西里，只有关于意向行为和意向客体的知识，是我们可以确信的、奠基性的知识。（批评者很快就注意到，胡塞尔有唯我主义的倾向：我们能够真正认识或者最终认识的世界，只有那个在我们自身意识中建构起来的世界。）

那么这对于存在论有什么意义呢？

我们还需要第三个，也是最后一个还原……

先验自我

还原三:对象与行为有很多种类型,它们总是**复数**的。

是否存在着某个单一的领域,能将它们统一起来,某种我们可以称为终极根基或者基础的东西?胡塞尔认为,这样的东西**必须存在。意识自身**……

意识本身不能被察觉——我们无法直接认识意识(只能意识到意识的对象和行为)。但对胡塞尔来说,意识是逻辑上的必要。

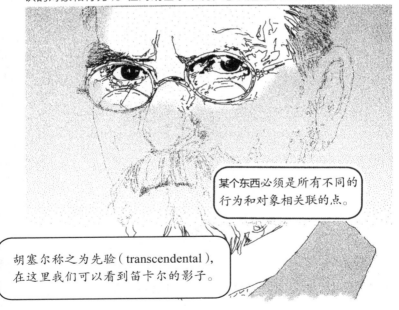

某个东西必须是所有不同的行为和对象相关联的点。

胡塞尔称之为先验(transcendental),在这里我们可以看到笛卡尔的影子。

那要怎样才能触及意识呢?

把意识的对象和行为也放到括号里。剩下的就是先验自我了。胡塞尔把先验自我等同于**绝对的存在**……

胡塞尔的主张导向对现实的悬置。

"现象学并不否认现实世界的存在。现象学的唯一任务就是按照这个世界真实存在的样子准确阐明它的**意义，所有人都接受的意义**。"

现实世界是存在的，但是它需要先验自我把它建构成这样，即产生"它存在"这一意义。这个自我就是存在之意义的基础，它是这样的意义能够在根本上产生的唯一场所。它本身就是绝对存在。

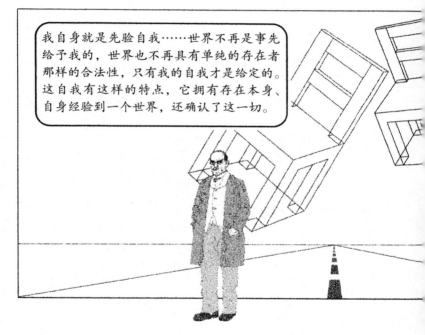

我自身就是先验自我……世界不再是事先给予我的，世界也不再具有单纯的存在者那样的合法性，只有我的自我才是给定的。这自我有这样的特点，它拥有存在本身、自身经验到一个世界，还确认了这一切。

总的来说，胡塞尔认为：

- 意识的对象是由意识创造的（虽然意识没有创造**现实**）。

- 我们**如何**在意识中觉察到事物，对于我们理解**存在**（IS）之物至关重要。

- 终极的存在（IS）：是作为纯粹意识的自我。

海德格尔与现象学

那么最终,胡塞尔是如何解释存在的呢?存在不是"实体",不是"上帝",而是"绝对意识"……

海德格尔呢?

但是,海德格尔对这一抽象的、完全自主的"意识"开始产生怀疑。意识的主导地位一直不会遭遇挑战吗?存在的东西可能会出现……但是它们的显现就只是为了一个纯粹的、脱离肉身的意识吗?

不同寻常的是,这样的疑问首先是由胡塞尔本人提出来的。

现象学的局限

对胡塞尔来说，意识模式的理论与日常生活的经验之间存在不吻合的地方，这个危险的裂缝正在越变越大。

1913年他写道：

"我在世界中存在，世界持续地为我而呈现：一个事实的、有价值的，作为商品的世界、实践的世界。事物作为可以被使用的东西立在那里，放书的桌子、喝水的杯子、花瓶、钢琴等等。我的比较、计量、预设、推断，即意识的所有理论思维的活动，都被我带到这个世界面前。"

不仅如此……

与此相关的是情感与意志的种种状态：赞同和反对，快乐和悲伤，渴望和厌恶，希望，恐惧，等等。

实践的世界

与多数哲学家不同,胡塞尔注意到实践的、人在其中生活的世界,还有或许是有情绪的精神状态,而我们总是带着情绪生活在世界里。

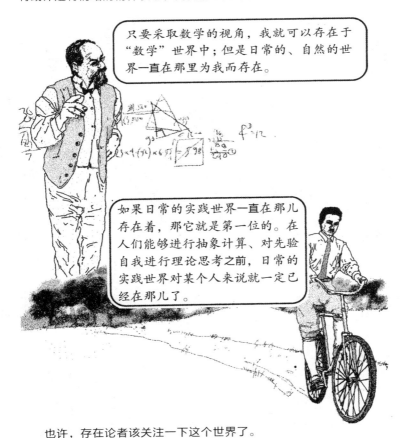

只要采取数学的视角,我就可以存在于"数学"世界中;但是日常的、自然的世界一直在那里为我而存在。

如果日常的实践世界一直在那儿存在着,那它就是第一位的。在人们能够进行抽象计算、对先验自我进行理论思考之前,日常的实践世界对某个人来说就一定已经在那儿了。

也许,存在论者该关注一下这个世界了。

胡塞尔虽然注意到实践世界,但他还是把这个世界放回到括号里悬置起来。海德格尔却开启了一条非常不同的新路径,他直面在**实践的日常生活**中遭遇到的并被赋予意义的**存在**。

有意思的是,这条路径又返回到了亚里士多德。

亚里士多德的实践智慧

海德格尔并不是要返回那个对存在者进行分类的亚里士多德。在《尼各马可伦理学》里,亚里士多德说明了世界被我们认识的**实际**方式,比如**实践智慧**(phronesis)。

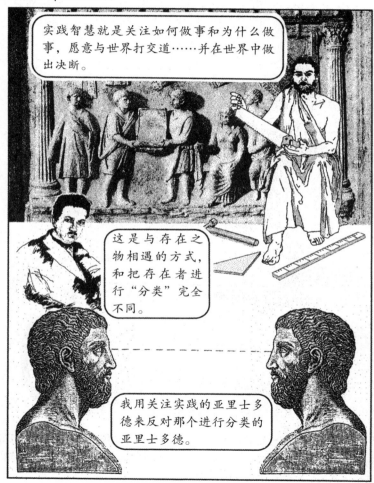

海德格尔的"解构"

这是怎么一回事儿?从中世纪的经院哲学到19世纪晚期的宗教复兴运动,对亚里士多德的传统解释都强调其范畴。而对海德格尔来说,这些解释都要被"打破"。

取而代之的是对亚里士多德的全新解读:一个在实践中与存在相遇的亚里士多德。

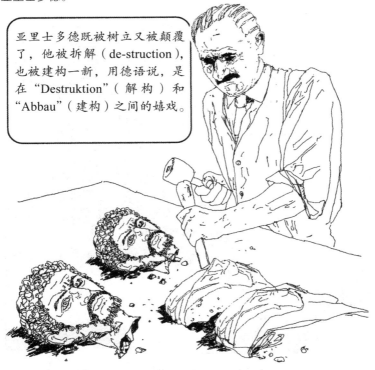

亚里士多德既被树立又被颠覆了,他被拆解(de-struction),也被建构一新,用德语说,是在"Destruktion"(解构)和"Abbau"(建构)之间的嬉戏。

这一奇特的双向运动成为海德格尔非常常见的诠释方法。后来它被发扬光大,成为德里达在1960年代所采取的思想策略,并被称为**解构**(deconstruction)。

不过,亚里士多德不是海德格尔唯一的思想资源。

实际生活

海德格尔一直在阅读**狄尔泰**（1833—1911）。狄尔泰研究历史哲学，为创立人文与社会科学做出过贡献，他是胡塞尔的批评者。狄尔泰强调"实际生活"（factical life），即对实践的社会世界的切身经历，包括这一经历所涉及的所有感知、评价和反应。对这一"实际生活"的知识只能是解释性的。狄尔泰反对胡塞尔的看法——人是某个孤立的、唯我主义的自我，而他的根本存在是抽象纯粹的意识。

人存在于社会中，总与他人共处，且人存在于历史中，人对世界的体验会随时间而变化。

我逐渐确信，实际生活的确是第一位的——存在的东西在成为理论知识的对象以前，首先在实际生活中显现。

"被颠覆"的古希腊哲学、深层的神学解读和现代哲学,正是从这个活跃有力的三合一思想的混合中迸发出从根本上反胡塞尔的宣言。

先验自我是个不切实际的虚构。我们需要找到主体的总体,这主体经验着这个世界,而不是要寻找某个没有血肉的思想者,它只是在理论上思考着这个世界。

现象学将迎来一个新的起点。

实际性的诠释学

1923 年,海德格尔辞去胡塞尔助手之职,在马尔巴赫任副教授,开始实施他的研究计划:对实际生活进行解释性的分析,或者按照他的说法,一种"实际性的诠释学"(hermeneutics of facitity)。("诠释学"一词来自希腊语"解释",后指对于《圣经》文本的解读。)

他会如何展开这一计划?转向经验主义或者某种唯物主义?这只会将他局限在存在者层面的知识当中,遗忘对存在进行存在论层面的追问。

海德格尔坚信,存在总是某物的存在。

所以,要研究存在,可以先挑选某个存在者,然后再分析它。那么挑选哪个呢?一个实际的存在者站了出来:人。

此在

在 1924 年的讲座《时间的概念》(The Concept of Time)中,海德格尔对什么是人这个问题进行了反思。"我们探讨的关键就通向此在(Dasein)的方向……"但是,海德格尔的"此在"究竟意味着什么呢?

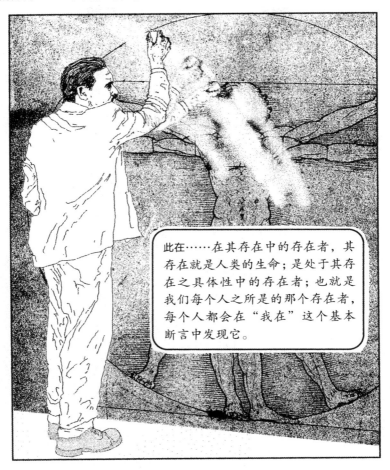

> 此在……在其存在中的存在者,其存在就是人类的生命;是处于其存在之具体性中的存在者;也就是我们每个人之所是的那个存在者,每个人都会在"我在"这个基本断言中发现它。

所以,"此在"看起来也就是我们通常所说的"人"。

不过，**此在**的字面义是"在那里存在"（there-being），来自**此**（Da）和**存在**（Sein）这两个词。对海德格尔来说，这个词指示了以所有形式存在的人类存在者。

"此在"是 18 世纪的人对拉丁语"praesentia"的翻译，这个词的通常含义是"存在"，康德和胡塞尔都使用过这个词。

而海德格尔的术语几乎是一个空白的空间。

他的初步计划：对处于"庸常状态"中的此在进行全面分析。

下一步：将此在与**时间**相连。然后是对普遍的存在进行分析。

直到 1927 年，他一直在对人类的存在模式和时间进行分析，他的著作《存在与时间》就是对这一时期其思想的一个概括。

《存在与时间》

胡塞尔自弗莱堡大学退休后,海德格尔为申请空出的哲学教授席,需要出版一部著作。《存在与时间》就这样在仓促中付梓,这本书一直被认为是海德格尔的"代表作",被赋予极高的地位。

有人视之为欧陆哲学的核心文本,或许还是20世纪最受赞誉的哲学著作。

但是,对它的所有介绍几乎都会提前发出"健康警告"。

这是一个复杂而颇富争议的文本,喜欢使用陌生又引发共鸣的深奥术语。它的德语原文很晦涩,翻译过后就更难懂了。在500多页的篇幅里,海德格尔阐述了许多富有创新精神的看法,它们将对当代思想产生深远影响。

对此在的分析

从某种角度说,《存在与时间》并没有写完。它只讨论了此在和此在在时间中的存在——而没有处理核心的存在论问题:**存在本身**。不过,海德格尔并没有忘记他的问题。

"存在"这个词的真正含义是什么?在我们的时代,这个问题是否有了答案?
完全没有……
我们不能理解"存在",在今天是否会有人因此感到困惑不安?
完全没有……

……所以,本书的目标就是解决存在之意义的问题,而且要以很具体的方式进行。

怎样才是一个"具体的"分析呢?先从以下两点入手:此在既是**在世界中存在**(BEING-IN-THE-WORLD),又是**与他人共在**(BEING-WITH-OTHERS)。

让我们先从第一个开始……

在世界中存在

此在的"在世界**中**存在"涉及与其他实际存在物的关系。海德格尔在**上到手头的**(the READY-TO-HAND, zuhanden)与**现成在手的**(the PRESENT-AT-HAND, vorhanden)东西之间做了区分。

所谓**"上到手头的"**就是可以实际使用的东西;这些东西顺手、有用、好使。

海德格尔以铁锤为例。

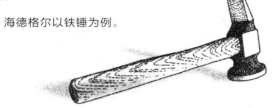

锤子是存在于这个世界上的一个很简单的东西,一件工具。在日常生活中,我们往往首先通过有用性来理解它,即它是否适合某个具体的目的。

但是,这把锤子其实并没有那么简单。

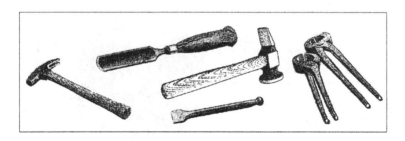

此在是通过一个网络来理解锤子的,这个网络含有许多别的存在物:相关的工具,原材料,锤子的使用目的,结果或产品,等等。在这个网络中,锤子被理解为一个上手的东西而具有它的存在。

从根本上说,此在是在与上手之物的关系中存在的。海德格尔称这种关系为:**操劳**(CONCERN)关系。

现成在手之物

现成在手的是我们在超然的沉思或观察状态中,而非在直接使用的情况下,遭遇到的存在者。这是哲学和科学这样专业的知识学科所偏爱的模式。

在特殊("存在者层面的")情况下,这两者的确存在交叉的可能。

"南风"可以是在手的有待思考的东西,比如在理论科学里……

但它也可以作为上手的东西被直接使用,比如产生能量。

把事物作为在手之物来对待,海德格尔对此存有疑虑。这只是我们与存在者相遇的方式之一,而不是唯一的、首要的或最常见的方式。

这种方式孤立了存在者,把它们与它们原本置身的网络分割开来,使它们远离了此在,遮蔽了此在与它们之间的操劳关系。

领会

海德格尔认为，实践的、上到手头之物对我们来说是第一位的。他的术语**领会**（UNDERSTAND）就得从这个角度来解释。他认为我们与存在物建立的最切近关系就是使用和处置它们，领会指的是我们通过实际使用而对存在者有所意识。

> 领会的发生不是在知识层面，也非理论层面，领会甚至可能都无法言传。但领会是此在首要的、基本的在世界中存在的方式。

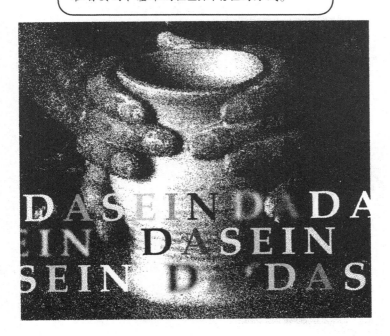

如果实践领会是第一位的，那它就**先于**科学或者哲学。其实，科学和哲学是特殊的、被修正的领会。

此前思想家提出的在存在论意义上最为根本的那些东西（比如"实体""上帝"和"意识"等），海德格尔并不认同。

情态

除领会以外,此在的在世界中存在还涉及情态(states of mind),情感(情绪),更广泛地说,还包括心情或者**心境**(dispositions)。

胡塞尔对此已经有所提及。而海德格尔则真正做了分析[比如,分析了"畏"(fear)],并明确提出"心境"对于此在的存在来说至关重要。这为海德格尔批判传统哲学增添了另一条线索。

那哲学该怎么办呢?

海德格尔通过存在问题发起了对哲学的反思……

笛卡尔的失忆

哲学家、科学家都已经忘记"实践领会"和"情态"是至关重要的。伽利略忘记了他自己的在世存在,牛顿、康德、黑格尔等也是如此。在世存在的观念与笛卡尔的思维方式恰恰相反。

海德格尔颠覆了这一切。

在世界之中……

海德格尔反对笛卡尔,以及所有衍生的或修正的笛卡尔主义思想,他提出……

此在已经在世界之**中**了。

人的生命并非某个"主体",为进入世界他必须变个戏法。

此在不需要什么"戏法"——无需来自科学的配方或者来自哲学的诡计。此在就以这样的方式**存在**。

此在首先是一个"操劳的"(concerned)实践着的存在物的使用者,而不是一个超然的"客体"的观察者。"此在以实施、影响和完成的方式与世界打交道。"

所以,世界不是在"那外面"的、外部的东西,它作为"存在于……之中"(being-in),是此在存在的一部分。

海德格尔能提出这样听上去有些奇怪的观点,是因为此在不能还原为一个"物质的身体",也不能还原为一个与外界分隔的"意识"。

……之中性

海德格尔还对笛卡尔的思想进行了其他方面的改造。比如，**空间**这个概念就发生了奇妙的变化。

当海德格尔谈论在世界中存在时，"之中性"（in-ness）意味着：我们必然卷入实践操劳的关系和情态之中。"之中"不是存在于一个纯粹几何学的空间里。世界更像是此在在其中做事的车间，而非可以用科学加以度量和计算的空间。

所以，实践操劳总是**先于**几何科学。

在我的模型里，空间是一种线性的"纯粹的延展"，可以测量和计算，而"实体"则是在那个空间里延展。

但是从实践的角度看，一个位置（place）并不只是坐标系里的一个点，这个坐标系由一系列固定、抽象且相互协调的网格式坐标所构成。

一个位置是实践参与或操劳的系统的一部分。这就产生了某种悖谬但又极其常见的现象。

世界上的位置

比如,在实践操劳中,距离就不再遵循几何学了。距离弯曲成某些奇怪的形状。如果我们把注意力——我们的操劳、领会和心境——放在打电话而不是隔壁邻居上,那电话里的人其实离我们就比邻居还近。

实践操劳、领会与情态发生于几何学和其他理性化进程以前,它们会使空间延伸或者收缩。

能够通过数学加以计算的空间已经不复存在。对于**此在**这种"在……之中"的存在(being-IN)来说,事物以奇特的方式被拉近或者推远,这些方式摧毁了测量的纯粹性。

与他人共在

此在在世界之中存在的方式,不是好像一个君王,处于孤家寡人、唯我独尊的状态。海德格尔意识到胡塞尔的问题,并以令人惊讶的逻辑应对。此在的存在是与他人共同存在,只是共在的方式是成问题的。

首先,每个**此在**都是唯一的。"**此在**将自身确定为'我在'。此在在任何情况下都是他自己的,具体化为他自己的。"

但是,此在是否总是知道并充分地体验这一点?此在身处的境遇很艰难……

此在会被别人接管。此在作为"我在"而存在,但同时还作为"与他人共在"而存在。

如果此在不得不同时还是一个与"常人共在"(with them)的存在,那么此在就不可能完全地或者高枕无忧地是"我在"。

常人

或者如海德格尔所说:

> 在现实的公共环境中,在使用公共交通工具和比如报纸这样的沟通工具时,每个他人都和其他人一样。我自己的此在彻底消失在某种"他人"的存在中……

此在在他人之中失去了自己。

是谁做的?没有哪个具体的人。

这个"谁"就是"常人"(das Man),在德语中是一个无人称代词。与之最接近的英语词或许是"one"(人们),比如"人们会这么说,不是吗?"

"Das Man"也被翻译为"他们"(the Them)或者"一般人"(the They),意思是"人们"(People)或者"大众"(the Public),是一个无人称的、没有面目的集合。

他人的专制

当**此在**在日常生活里消融于他人之中，它就变成了他人。因此作为他人的其他人也消失了：他们现在成了**此在**的一部分。

常人本身非常难以辨认。常人的力量也正在于此。

常人真正的专制就在它的默默无闻与无法辨认中展开。我们按照常人的方式感觉快乐、享受生活，我们根据常人的标准去阅读、欣赏和评价文学与艺术作品，常人觉得可怕的事情，我们也觉得可怕。我们都是"常人"，常人规定了日常存在的样子。

大众社会

海德格尔的目的是什么?是想建立基础存在论,还是想评论一下当代社会的状况?

他对"大众社会"(mass society)理论的哲学回应是不同寻常的。大众社会理论的主要推动者是社会学家**韦伯**(1864—1920)和**涂尔干**(1859—1917),后来被法兰克福学派的**阿多诺**(1903—1969)及其他很多学者所阐发。

这些理论影响了哲学,比如海德堡的存在主义哲学家**雅斯贝尔斯**(Karl Jaspers,1883—1969),而海德格尔对他的作品很熟悉。雅斯贝尔斯的著作《现时代的人》(*Man in the Modern Age*)在当时影响很大,作者认为,在"精神生命"与机器时代对现代文明的"奴役力量"之间正在展开一场斗争。

这是20世纪最为人熟知和最强有力的对立。

那些奴役力量就是现代性及其文化的力量:工业劳动的高度机械化,产品的标准化;城市;新文化——商业化的娱乐活动,密集的大众运动赛事,电影,广播,大众化的新闻工业制造"民意"……

工业化的痛苦,商业化的幸福

"大众效应"(mass-effect)就是从其中产生的:这是一种文化,特点是不加思索地保持一致、极端的顺从,它碾碎了"独立决断"的可能,泯灭了"行动的自由"。

尽管具体理解各不相同,但被广泛认同的看法是:现代社会制造了对"个体"的可怕抹除。对1932年的雅斯贝尔斯来说,任何科学或者实证主义哲学都无法解决这一危机。

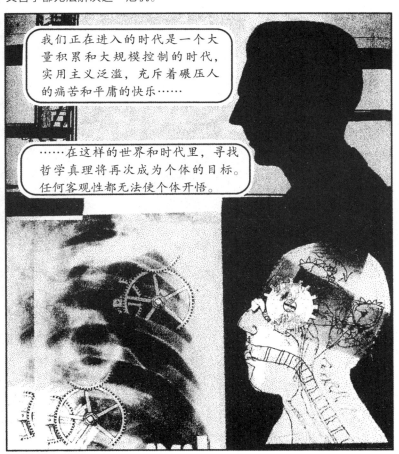

我们正在进入的时代是一个大量积累和大规模控制的时代,实用主义泛滥,充斥着碾压人的痛苦和平庸的快乐……

……在这样的世界和时代里,寻找哲学真理将再次成为个体的目标。任何客观性都无法使个体开悟。

流行文化和常人

"流行文化"和资本主义商品化构成的挑战,让保守主义精英知识分子惊恐万分,可以认为"大众文化"理论就是这一反应的表现。

> 所有这些流行的东西——爵士乐、卓别林、平装本的柏拉图——真是一场灾难!

但是,与海德格尔同时代的一些马克思主义者,比如**布莱希特**(1898—1956),却有不同的看法……

> 流行文化可以成为革命政治的重要资源。

不过,海德格尔对大众文化的态度也是否定的。

他所说的常人并不单纯指"大众";此在也并不对应于"个体"。不过表达模式是相同的:独一的("我自己的")此在被消融到常人当中,个体存在被削弱了。

海德格尔字斟句酌的哲学表述背后,潜藏着拒绝的呼喊:"我不能**那样!**"

但是,常人究竟有什么可怕之处?

海德格尔做出了解释。

公众性(Offentlichkeit, Publicness):认同面目模糊的"公众",就是撒手不顾自己的存在。

"就是这样,具体的此在把日常生活中的重负推给了常人。"

平均状态(Durchschnittlichkeit, Averageness):海德格尔反对"铲平"。

"常人预先规定了什么可以尝试,什么不可以,它监视着一切不同寻常的事物。任何过人之处都被不声不响地压抑了。所有原初的东西一夜之间都被抹平为熟悉之物。所有经过斗争才能得来的东西都变成任人操控之物。所有神秘都丧失了力量。平均状态揭示了此在的一个本质倾向:铲平存在的所有可能性。"

海德格尔此处的措辞是尼采式的:主张通过斗争和努力追求优越性,倡导源始的不受任何约束的积极力量以反抗"平庸"。相似之处还有很多……

平均状态

> 闲谈
> (Gerede, Common talking)

> 信笔
> (Geschriebe, Scribbling)

它是闲谈在书写中的对应物——报纸和流行小说里通俗易懂的文字;人们渴望和期待的读物;吸引人的、消遣的、让人"摆脱重负"的文字。

> 好奇
> (Neugier, Curiosity)

海德格尔对好奇持肯定态度吗?对他来说,好奇就是对新时尚和二手经验的渴望(这是常人最关注的)。就像闲谈和信笔,好奇也会传染给哲学。

海德格尔追寻的是存在的意义,他可不是"流行文化"的支持者。

沉沦

此在的日常处境就是**沉沦**（fallenness）：被世界同化，与常人共在；全神贯注于上手之物，并受常人摆布。

沉沦这个概念虽然被挪用到了哲学领域，但它仍然带有神学的意味。此在就像在上帝面前堕落的罪人。那么沉沦都包括哪些方面呢？

诱惑 （Temptation）

接受世界的同化、顺从常人。

满足 （Contentment）

日常生活世界为此在提供了满足，此在的"焦灼不安"因此被涤荡一空；这是一场对此在复杂的存在进行的洗礼，只不过这个洗礼是自我制造的、世俗化的。

来自丹麦哲学家**克尔恺郭尔**（1813—1855）以及其他很多人的概念——

异化 （Alienation）

使自己与（存在论意义上）真实的、统一的自我相分离。

沉沦对此在来说是一种基本的存在方式。

被抛和筹划的可能性

是否可以避开这样的日常生活世界？此在被抛入其中。**被抛状态**（thrownness）就是存在于不受此在控制的世界里——就好像说"被抛入绝望中"。这一状态不是你选择的结果。这个世界总有许多不是此在选择和应该负责的事情。

尽管如此，此在仍然保有腾挪、选择和担起责任的空间。

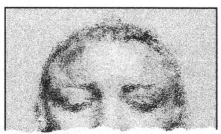

筹划（projection）就是此在为自己向前投射到这种或那种可能性之中。此在可能会是什么或者是谁？潜能就是此在存在的一部分。

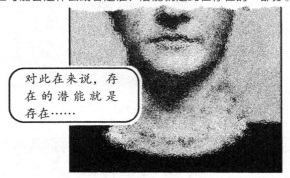

对此在来说，存在的潜能就是存在……

但是被抛状态总是与可能性相纠缠。此在不可能筹划和实现一切（他会因此完全丧失自我）。限制因素包括筹划的语境，此在有限的技能、知识等。

所以此在的存在总是处于被抛状态和可能性之间，这是一场紧张而又暧昧的斗争。此在是"完完全全的**被抛的可能性**。

操心

此在既是"在……之中"存在,又是"与……共同"存在,还要协调上手之物和在手之物,常人世界和沉沦,以及被抛状态和被筹划的可能性,此在看来很难保持统一。

然而海德格尔坚持此在的统一,并提出使此在得以统一的概念:操心。

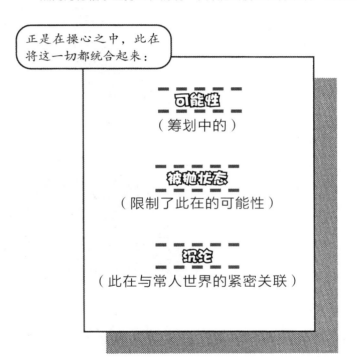

所有这一切此在都很在意,正如"操心"一词所暗示的(虽然操心并非伦理术语)。这一"在意"整合了此在。对海德格尔来说,操心是一个集合,通过这个集合此在拥有了它的存在。

还有别的东西也很重要:这个集合是**时间性的**。此在**在时间中**存在。

于是,海德格尔开始分析**时间**。

时间的哲学

海德格尔显然重塑了西方对时间的惯常理解。

但是,西方传统的时间观是什么?它们又是如何被改变的?

亚里士多德的宇宙观是这样的:

> 时间就是自然世界的时间,可以通过行星的运行、自然的变化加以确定。

基督教的神学观点则是这样:

> 时间由上帝给出和掌管,它是有限的或者说末世论的,时间会终结。

笛卡尔和他在启蒙时代的后继者提出了主观时间:

> 时间是在理性观察者的意识中得到理解的东西。

到 1920 年代,人们开始检省现代的"笛卡尔式"时间观。海德格尔一直在研读法国"生机论"哲学家**柏格森**(Henri Bergson,1859—1941)以及胡塞尔的著作,这两位思想家都很关注时间问题。

线性的时间

柏格森在《时间与自由意志》(*Time and Free Will*,1889 年)中将人类的科学知识和自身经验区分开来,这也是海德格尔的做法。

科学关注测量,从空间的维度来看待时间,把时间当作是一系列彼此分离的、可以数量化的几何单位,就好像钟表表盘上(小时、分钟和秒)或者日历上(日、月和年)标识出来的空间。

科学还关心原因与结果。所以,时间就有前和后、早和晚的区分。这样,时间就变成了线性的时间。A 在 B 之前,B 在 C 之前……

人类的时间体验可不是科学式的。柏格森将时间描述为"绵延"(durée,duration),包括过去、现在、未来,以及在这一绵延中的存在体验。

柏格森的时间

柏格森认为,绵延是抗拒测量的,它没有固定的规范或标准。我们可能会觉得一部电影长了或者短了,完全和钟表的测量结果无关,甚至与之相反。(我们希望电影再多演一会儿?或者后悔不该因为怕浪费票钱而看完了全场?)

在"绵延"中,时间中的体验就变成了一个过去的经历,一个具有质的差别的东西:它变成了记忆……

……未来的体验,那个尚未到来的东西,也以不同的方式作为想象和筹划存在。

体验并不构成一条线。即将到来的任命,或者回想起其他乏味的电影,都可能神奇地延长你当下的观影体验。

"绵延"是对计算和客观测量的抗拒,它混杂着非常具体的感受与记忆。对每个个体来说,作为绵延的时间体验都是独一的。这种体验也许有一部分是可以交流的(比如在文学中:普鲁斯特关于内在记忆的小说《追忆逝水年华》就受到柏格森观念的影响)。但是,对时间的体验从根本上说是无法传递的。

胡塞尔的时间意识

胡塞尔将柏格森的思想向前推进了一步。他想知道时间是如何"出现"在意识里的,或许很像人们在欣赏音乐旋律时的体验。一段旋律可以被看成一个整体,从头到尾是完整的,哪怕是第一次听到。但是,我们在时间中遇到的则是这段旋律连续但又分离的一个个单音。

旋律,只有通过三种意识行为的同时运作才能够被认识。

滞留(retention):不再发出声响的单音必须能在记忆中滞留。

关注(attention):在每个单音响起时,必须获得对它的"原初印象"。

前摄(protention):倾听者必须提前听,即对可能到来或者不到来的声音建立起预期。

非常重要的是,这三者必须同时发生。对时间的意识是对一系列事物的联结,是对在前摄、滞留和关注中呈现的未来、过去和现在这三者的集合在一起。这就颠覆了线性时间的结构:A 在 B 之前,B 又在 C 之前……

时间统一体

后来海德格尔引用了莫扎特的一封信。

作曲家莫扎特描述了音乐创作的灵感在"马车旅行的途中或美餐后的漫步中"萌发的过程……

"很快一部分连着另一部分在我心中涌现,就好像我正在按照对位法的准则用面包屑制作糕点。接着,它变得更大,几乎就要在我的头脑中完成……然后我在心灵的扫视中全览,在想象中听到,不是一个接一个连续地听到这段音乐,哪怕它在现实中必然如此呈现,而是好像所有部分都同时到来……"

莫扎特设想了一种时间的聚集——不是线性的,也不是钟表可以度量的。海德格尔在这种体验中,在这种既是倾听也是观看的体验中,发现了"托付给我们的思想的本质"。

时间与操心

受柏格森与胡塞尔的影响，海德格尔在 1927 年提出，此在在时间中拥有它的存在。它的视野就是时间。

首先，时间存在于操心的结构中。

被抛——此在已经身处于世界之中，面对从**过去**接收到的一切。

筹划——此在在当下筹划未来的各种可能，因此它总是"先于自身"（ahead of itself）而存在。此在绝不是完全在"此地此刻"，因为它的存在包含作为筹划而尚未到来的（not-yets）可能性。

沉沦——此在在由上手之物和常人世界组成的每个具体化的**当下**，专注于**在场**的世界，应对不断产生的操劳。

因此，从根本上说，此在同时存在于所有时间里：它的过去、它可能的未来和它的现在。我们所经验的时间，本质上不是量化的、几何的、线性的。

必死性

此在必有一死。死亡是终极的视野和境遇,在其中此在不再存在。这就产生了问题。

此在存在于此,与此同时它还导向未来的可能性。不过,既然是未来的可能性,那就意味着此在并不总是在此,即尚未在此。此在是不完整的。

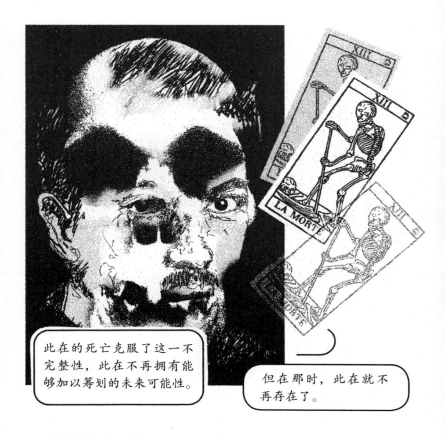

此在的死亡克服了这一不完整性,此在不再拥有能够加以筹划的未来可能性。

但在那时,此在就不再存在了。

海德格尔避开了这一逻辑,他把死亡看成一种可能的存在方式。这听上去很怪。思考"内在于生命的死亡"(death within life),这有悖逻辑。

内在于生命的死亡

但是,如果此在的存在包含那些尚未到来的可能性,那么它的死亡也是其中之一(不过却是独一的一个)。此在的死亡是它不得不经受的东西,是未来的一种可能性(却是一个确定的可能性),是它当下存在的一部分。

所以,"死亡是一种存在方式"。通常来说,所有对死亡的意识都坍塌为"沉沦"。

逃避死亡,此在因此回避了自身生命的整体性,回避了它的存在。

时间与历史

所有存在者当中，只有此在完全是**历史性的**（Geschichtlich），因为此在本质上是在时间中建构起来的。

此在是历史性的，被它的过去、现在和未来所建构。历史性的此在在与过去的关联中拥有存在。注意两个德文单词的语义差异：Geschichte，一个作为历史现实的过去；Historie，历史研究，关于过去的话语。

海德格尔的兴趣不在"次级历史"，即通过过去事物的清单记录下来的过去的世界。他的兴趣在"初级历史"，即此在。

以博物馆为例

保存在博物馆里的"古董"（比如，家用器具）属于一个"过去的时间"，然而它们在"当下"仍然是现成的。当这样的器具还没有真的过去，它究竟在多大程度上称得上是历史性的？

当然，工具已经变脆弱或者被虫蛀了。但是，过去的某一特殊属性使它具有历史性，但关键并不在于过去的转瞬即逝。

海德格尔的家用器具博物馆

对海德格尔来说,什么才是真正"历史的"东西?

"什么过去了?除了那个世界没有别的。在那个世界里,这个工具属于一个器具网络,作为上手之物遇到一个存在于那个世界中的操劳的此在。那个世界已经不复存在。"

海德格尔重塑了历史研究。历史话语通常把过去看成一系列客体化的事物或者事件。但此在作为可筹划的可能性而存在,它不是一个既定的、完整的客体。历史研究应该首先探讨此在如何处置它的可能性。

过去是此在过去的筹划,它并没有丢失。

过去的可能性也能成为现在和未来的可能性,历史的责任就是揭示它们在当下的力量。而历史的目标是,在此、在可重复的历史可能性之中揭示此在。这种历史不研究事件、起因、结果或者收集到的事实。

本真状态

在《存在与时间》中,海德格尔提出了此在存在的两种基本方式:**本真的**和**非本真的**。这些术语来自克尔恺郭尔,"第一位存在主义者"。克尔恺郭尔将人类存在的**完整性**等同于本真状态。

本真的存在在于将此在之存在的各组成部分统一起来,包括它朝向死亡的存在(being-towards-death)。这些构成部分的真实"所是"必须得到承认,而不是遗失在实践世界里,或者被常人清除。

因此,本真状态意味着脱离日常世界和常人。

在非本真的存在中,此在接受了诱人的许诺——许诺它在世界中可以享有一个"家",和常人一道,在那个"家"中找到安全感。此在因此关闭了它的可能性,放弃了此在对其统一性的追寻。

但是,如果日常的"在……中存在"与"与……共同存在"对此在来说是基本的存在模式,那此在怎么可能逃脱呢?

本真状态必须从基本的状态——非本真状态中脱胎而出。本真状态将是对非本真状态的修正。如何修正呢？本真状态在特殊的情态中到来，尤其是在焦虑中。

焦虑（Angst 或 dread，来自克尔恺郭尔）和恐惧不同，焦虑没有特定的对象，没有具体的感到可怕的东西。对海德格尔来说，焦虑从此在自身之中产生，是对自身存在的焦虑。此在感到自己被召唤，意识到自身的存在，这一意识让它焦虑不安。

回到他熟悉的上手之物和常人文化，回到让他感到居家般舒适的一切。回到单位，回到舞厅。

在焦虑中，此在完全没有在家的感觉。事实上，海德格尔称之为**骇异失所**（uncanny，德语 unheimlich），或者是不舒服的、陌生的（unhomely）。

这些观念将对当代哲学思潮产生深远影响。第一个著名的被影响者：存在主义。

存在主义哲学家

存在主义者接受了克尔恺郭尔的召唤，建立起一种以个体存在为中心的哲学。他们反对理性主义哲学，探索人类生活的个人、主观维度：包括伦理或宗教的选择、情绪反应、自我确认和在世的介入行动。

在德国，雅斯贝尔斯用个体来反对大众社会，**马克斯·舍勒**（1874—1928）探讨在人际关系中的人类情感与意愿。他们的作品在法国都产生了一定影响。不过，1930 年代对法国哲学家影响最大的还是胡塞尔和海德格尔。

列维纳斯（1905—1995）：1928 至 1929 年在弗莱堡学习，是将胡塞尔和海德格尔引入法国的第一人；他研究时间与死亡，关注伦理与他者。

保罗·利科（1913—2005）：胡塞尔著作《现象学的观念》(Ideas)的翻译者；现象学家，后来成为文学理论家和语言学家。

加布里埃尔·马塞尔（1889—1973）：戏剧家和作家，著有晦涩难懂的存在主义日记；批判笛卡尔的理性主义和身心二元论。

到了 1950 年代，"存在主义"一词变得非常流行，从爵士乐到自杀什么都可以说成是存在主义的。不过，这场运动的领导者最关注的是致力于解放人类的政治。

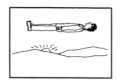

梅洛－庞蒂（1908—1961）：1930 到 50 年代的马克思主义现象学家；他认为，海德格尔所说的"在世界中存在"意味着恢复对于世界的物质经验，比如通过知觉和身体，哪怕这样的经验从根本上说是含混的，因此是违背理性主义的确定性的。

波伏娃（1908—1986）：她指出，西方思想暗地里一直把男性看成"人类的标准"，这一批评影响深远；对 1940 年代的她来说，存在主义的自由其实是有性别的，作为女性的存在和作为男性的存在是不同的。

萨特（1905—1980）：小说家和哲学家，最有名的存在主义者；1933—1934 年在柏林研究胡塞尔和海德格尔。

萨特在德军战俘营研读了《存在与时间》，1943 年在被德军占领的巴黎出版了《存在与虚无》一书，作为对海德格尔的回应。这是一个重要的存在主义文本，有人认为它"几乎就是对《存在与时间》的注释"。

085

人道主义的历险

但是,《存在与时间》是一部为萨特思想撑腰的存在主义作品吗?1946 年,萨特称存在主义是一种**人道主义**。

萨特的人道主义不把人看成现成给定的、本身完整的。他把人重新定义为"存在主义的人类主体",即人是一种建构,需要不断再创造。比如,通过筹划各种可能性,反抗被抛入的困境,通过介入——道德、伦理和政治的介入,奋力获得自由。

对萨特而言,这一存在主义的人类主体处于哲学的核心位置。

人超越自身进行自我筹划,以此方式人使自身存在。他自身就是这一切的关键与中心。除了人的宇宙、人的主体性的宇宙之外,不存在别的宇宙。

对主体性的批判

海德格尔呢?他没有兴趣把人类或者哪怕是"存在主义的人类主体性"放在任何东西的中心。他首先是个存在论者,而非存在主义者。

《存在与时间》分析了人类,并使用了存在主义的术语(本真状态,焦虑,等等),但重点是存在本身。海德格尔强调,他的作品不是人类学的或者人类中心的——它的核心关注不是人或者人类的主体性,而是存在。

法国的马克思主义和存在主义者**让·波弗莱**(Jean Beaufret)写信给海德格尔,问他是否认同萨特的观点。1946年12月,海德格尔做出回复。

我们恰好身处在这样一个境遇里——只存在人类……

从《存在与时间》的角度思考,这句话应该这么说:"我们恰好身处于这样一个境遇里——最重要的是有存在。"

因此存在是第一位的。

海德格尔为人道主义提供了一个崭新的同时也是更为根本的含义：人道主义的核心不再是人自身，而是人与存在之间的关系。

对他来说，人是"存在的守护者"，关注存在并保护它，人类的尊严正在于此。

从这个意义上说，人先于一切人道主义概念。这是对人的一个更加本质的思考。

这是对西方主体性思想的根本颠覆。海德格尔拒绝将人或者主体性作为建构哲学的起点、中心或者基础。他的这一企图雄心勃勃，或许也是前无古人的。但是，对人道主义的摧毁是否会导致一种非人道？

伦理与价值

海德格尔认为,他既没有在为非人道辩护,也没有在美化"野蛮的残暴",或者鼓吹那种摒弃所有价值的情境。关于如何生活更合适,人类有一些准则,这些准则无论它们在团结人类时有多么勉为其难,我们都必须坚持。

但是,存在的问题必须置于首位——存在先于一切存在者……

……如果这会让人类或者人类的价值失去中心地位,那就这样吧。

对于海德格尔的思想,一直存在截然相反的看法。一方面,海德格尔重新提出了所有关于主体性的问题,但另一方面,他认为重点在人是"存在之邻人",这比人是"人之邻人"更值得思考。宗教问题从未远离:海德格尔反对萨特的无神论。那么,《存在与时间》包含潜在的神学意涵吗?

海德格尔的神学

青年时代的海德格尔浸淫于天主教的保守教义中：反现代，重权威和传统，为人类的堕落与原罪、沉沦的世俗世界而忧虑。

直到 1916 年，27 岁的他一直梦想成为一名神甫、神学家或者弗莱堡大学的天主教哲学教授。1919 年，他放弃了天主教信仰，此后从未实现年少时的梦想。

信仰的同时仍然保持着质疑，或许更接近新教的精神……

胡塞尔是世俗化的哲学家，对他来说，上帝被放到括号里了。海德格尔的信仰在与胡塞尔共事的过程中发生了转变。

哲学不是信仰……

哲学家在进行哲学思考时，并非怀着宗教信仰那样的立场。

海德格尔对体制化的宗教发出了尖刻的批评。

人们口中的宗教不过是"我们这个时代肤浅的宗教性"，是"伪道学的理想国"。

主妇与女仆

因此,《存在与时间》可以作为世俗文本来解读。此在被认为是人类存在的普遍结构,它不建立在任何具体的历史时刻和任何具体的教义之上。此在不是犹太教的,基督教的,或者佛教的,等等。此在先于一切身份概念。

那么,是不是此在与上帝彻底无关了呢?并不完全如此。海德格尔也许放弃了有神论——某个具体的创世神,但他从未彻底地拥抱无神论。

在 1920 年代,他一直渴望为基督教思想的复兴提供基础。

我支持布尔特曼(Rudolf Bultmann)的存在论神学,他是位了不起的新教神学家。他提出,讨论上帝必须变成讨论在与上帝关系中的人的存在。

通过阅读《圣经》,我最希望得到解答的……就是人类存在的问题。

去神话化的神学

布尔特曼在海德格尔历史研究观的帮助下,对基督教进行了"去神话化"。《圣经》故事给生活在公元 1 世纪的人们提供了许多意涵丰富的神话。但今天他们生活的那个世界已经不复存在。所以,就该剥离那些神话,为当代信仰者揭示出根本的、可重复的神学可能性。

应该摒弃把神学当成宗教工具的博物馆的做法,摈弃"天堂"和"地狱","天使"和"童贞生育"这类神话故事……

"十字架"现在应该被解读为"宽恕","复活"指的是"获得新生"……

神学论争扩大了海德格尔著作的影响。但其实,神学解读把海德格尔已经剥离的东西又带回来了。"神"或"诸神"的说法将在海德格尔的晚期作品里重新出现,但在 1920 年代末海德格尔的关注点在别处。

决断与行动

1928 年海德格尔返回弗莱堡,接替胡塞尔就任哲学教授。当时的魏玛共和国局势动荡:通货膨胀,股市崩盘,政治冲突白热化。1932 年 7 月,国家社会主义德国工人党发展成为最大的当选政党,并于 1933 年组建政府。民主共和国被解散。

《存在与时间》含有"决断论"的因素:决断的行动,可能性的攫取。

1932 年末,海德格尔竞选弗莱堡大学最重要的行政职务——校长,并于 1933 年 4 月当选。同年 5 月他公开加入纳粹,没有任何一家报纸对此感到意外。

> "海德格尔关心德意志民族的命运和未来,他已经站在这一伟大运动的中心。多年来,他一直以实际行动支持希特勒领导的党,国家社会主义者对他的访问没有白费。"

政治与哲学

海德格尔拆解了大学的民主架构,并要求对课程进行根本改革,向哲学专业倾斜。他在多场公开演讲里宣扬对纳粹保持忠诚、强有力的领导和复兴民族认同。

1: 德意志民族必须选择它的未来,而这一未来与元首紧密相连……

……对国家的完整存在(此在)来说,只存在一个意志。元首在全体民族当中唤醒了这一意志……*

2: ……我们只是在追随元首卓越的意志……

……做他忠诚的追随者意味着:盼望德意志民族重新找到它有机的统一体,它单纯的尊严和它真正的力量;它终将获得永恒和伟大……**

……向这一拥有前无古人之意志的伟人,向我们的元首希特勒三呼"胜利万岁"!

---

* "German Men and Women!", *Freiburger Studentenzeitung*, 1933. 11. 10.
** "National Socialist Education", in *Der Alemanne: Kampfblatt der National-sozialisten Oberbadens*, 1934.2.1.

海德格尔接受了纳粹"das Volk"的说辞,即"群众"或"人民",它是民族加种族的"共同体"。他拥护党对德意志青年的召唤。

你们不能只是参加讲座……

你们必须行动起来,一同创造具有德意志精神的未来大学。加强你们的忠诚和追随的意志,这样才能做出必要的牺牲,拯救我们人民的天性,并在国家中提升人民的内在力量。

这些都是非常刺耳的民族主义、军国主义加极权主义的话语。

原本是个体意义上的此在,现在变成了德意志的此在。"筹划可能性"变成了"为德意志民族选择伟大的道路"。"追寻本真存在"沦落为"为领袖做出牺牲的忠诚"。通常意义上的哲学显然是无法胜任这些目标的。

"不要把命题和'观念'当成你们存在的准则。只有元首才是当下和未来德国的现实与法则。"

纳粹大事记

海德格尔启动了改变德国高等教育体系的计划，1933 年 4 月他与普鲁士教育部举行会谈，亲自给希特勒发去两份电报，还主动向其他党内的教育改革者建言。

纳粹的野心昭然若揭。

1933 年 1 月	终止基本的宪法权利。
1933 年 2 月	启用应急权力。
1933 年 3 月	将民主议会的权力转交纳粹的管理部门。
1933 年 4 月 1 日	抵制日：抵制犹太人的商业和犹太族裔的学者、学生、律师和医生。
1933 年 4 月	恢复职业公务员系统法：将所有政治异议者和"非雅利安人"从公务员系统中驱逐。
1933 年 5 月	解散或禁止一切政党和工会：没收工会所有财产，将社会主义和马克思主义的政党判定为非法组织。
1933 年 12 月	确保党和帝国统一法：纳粹变成了国家党。
1934 年 2 月	颁布法律使所有组织和个人都置于公权力控制之下。
1934 年 7 月	国家安全警察的集中化，即党卫队；建立特殊法庭，根据"大众情感的原则"进行判决。

到了 1930 年代中期，所有政治异议者都被解雇、关押或流放，警察权力高度集中，德国已实施"国家工人"义务劳动制和军队征兵制。

这是一个"一体化"（Gleichschaltung）的政党。从 1918 年诞生之日起，它就一直实行种族主义政策，终于在 1941 年走向灭绝营和对 480 万犹太人及其他许多人的大屠杀。

重生的政治

或许海德格尔并不支持纳粹有计划的反犹主义行径,但他的确赞同它的其他做法。劳动、战争和教育成为三位一体的命令,一个"德意志民族的源始精神的天命"。

"大学学习必须再次成为一个冒险,而非懦夫的避难所。谁不能在这场战斗中幸存,谁就该躺在他倒下的地方。一个完全不吝惜自己的强悍种族必须参与这场战斗,这个种族在不断的考验中存活下来……"(《新帝国中的大学》,1933 年 6 月 30 日)

马克思主义对劳动和社会阶级的分析必须被摒除。

"德意志的'财富'只有一个。那就是劳动,它植根于人民,诞生于人民,已经自由地跟从国家的历史意志。"*

从 1929 年到 1940 年代中期,海德格尔主动把纳粹主义偏好的主题混入他的哲学思想。

---

* "Call to the Labour Service", in *Freiburger Studentenzeigung*, 1934. 1. 23.

危机与民族

总体来说,海德格尔对历史的判断是保守主义的。他认为,现代社会已经抵达危急时刻,在这个创伤性的转折点需要有决断的行动。民族也处于危机之中。德国于1871年获得统一,但在1918年遭遇"一战"战败的"冰寒之夜",它必须抓住精神重生的机会。

海德格尔对1919年的畅销书斯宾格勒(Oswald Spengler)的《西方的没落》有所了解。

> 从文化的模糊状态中将产生真正的文明形式,最终稳固、坚定起来。

> ……德意志,作为西方的中央民族和最后的民族,将会给欧洲带来文明的最终阶段,为这伟岸的大厦加冕。

> 德意志具有独一的位置和独一的命运。它是欧洲的中心……在这里,地球的命运正在被决定。

德意志性与乡村主义

"德意志"(Germany)和"德意志性"(Germanness)都不是含义明确的概念,有哲学家执着于给出清晰的定义。

海德格尔不想采取通常的做法——拥抱种族主义的生物学,搜寻体现其本性的德意志习俗,基于经验主义和历史主义做出判断。但他的确和其他人一样被乡村主义所吸引……

纳粹主义吸收了新浪漫主义的所有乡村形象:德国的土地、田野、河流,还有森林,特别是森林中深藏的使人的精神获得重生的资源、根基与秘密。

人民与都市化的城市、与城市里非本真的大众形成鲜明对比,并在有机生活的诸多意象中得到体现:扎根于大地的农夫和作为人民生活不可侵犯之核心的农民家族,被基督教和人民的文学神圣化了。

乡村神话

乡村农民的禁欲主义一直是海德格尔自我想象的一部分。为与 1920 年代的常人相区别，他总是穿着以民间服装为模板的套装——紧身裤和双排扣常礼服。他还在 1922 年效仿乡村的日常生活，盖了一间度假屋：用石头和瓦片砌成的乡间农舍，位于黑森林的托特瑙堡（Todtnauberg），被其他农舍所包围。这间孤立的农舍作为"那个小屋"（die Hütte），已经进入海德格尔自身的神话。托特瑙堡在徒步旅行的路线上，它的第一个音节是死亡（Tod）。这里一直被人称作瓦格纳歌剧的人物阿贝利希的老巢，"黑暗中的黑暗之心，最令人胆颤的偏远之所"。

在 1934 年的一次广播中，海德格尔摆出了他具有**人民性**的明证。

"在冬夜的黑暗中，暴风雪包围了棚屋，覆盖了一切，正是在这时，哲学的伟大时刻到来了。哲学的问题必须是简单而又本质的……"

炉边哲学

本质的问题属于本质的思想家。

"哲学绝对是农民工作的核心。当城市栖居者屈就与农民长谈时,他就自以为'与人民融为一体'了。当夜晚来临,我放下工作,在炉火旁的长凳上坐着,我们经常一言不发。我们沉默下来,抽起烟斗……我的工作与黑森林、与它的居民之间存在着一种亲密的关系,这一关系的基础源于长期扎根于阿勒曼-施瓦本地区,它是无价的。"

("我们为什么喜欢待在外省?",载《阿勒曼》(Der Alemanne),1934年3月)

海德格尔的另一个主张也受到国家社会主义的欢迎,它强化了"历史悠久的"乡村主义:日耳曼人的语言是独到的,它与德意志的命运紧密相连。

源始语言

对此,唯心主义哲学家、原初-民族主义者、国家社会主义的荣誉先驱——**费希特**(Johann Gottlieb Fichte, 1762—1814)早已留下一条思想脉络。

对许多哲学家来说,这就意味着德意志人是仅存的本真的、古老的民族。德意志人的命运,他们的"世界角色",是绝无仅有的哲学式的。

对海德格尔来说，希腊语是一种"源始的"——源头的、第一位的语言，而德语保有与希腊语的直接血缘关系。不存在任何使它变形的轨道，干扰它的发展脉络。因此，"只有从德意志人那里，才能产生世界－历史的思考，如果德意志人找到并捍卫了德意志人的本质的话"。

这些民族主义的主题不过是对当时流行辞藻的表面借用吗？海德格尔对这些麻醉剂般的民族主义话语进行了关键性的改造。在他看来，德意志民族的命运和他自己风格独特的哲学拥有相同的轨迹。

德意志走向伟大的命运有赖获得一种"对于事物的本真认识"——即，它需要哲学。

但是，是哪一种哲学呢？海德格尔承担起了传教士乃至弥赛亚的角色。

民族、危机和存在

在海德格尔的眼里,德意志人的命运就是恢复最初的、最为源始的问题:存在的问题。

这意味着接触古希腊人——"最源始"的文明,只有德意志民族现在还保留着这一神圣的直接路径。因此,重新唤醒对存在的关注就是唤醒德意志的基础。

"民族""危机"这二者注定与"存在"紧密相连……

所以,海德格尔把自己规划成为国家社会主义德国的哲学领袖。

而这是一个政治领袖可能会拒绝且事实上的确拒绝了的提议。

1934年4月,海德格尔的电报没有得到任何回复,他的大学改革被"在职业上受到冒犯"的管理团队叫停,于是他辞去校长一职,退出公开的政治空间。

然而,他从未公开与纳粹分道扬镳,只在后期对纳粹的"技术"思想表达过异议。

1945年,在弗莱堡的去纳粹化特别法庭上,他隐瞒了自己任校长期间的许多历史事实,仅把它描述为一次"失败",并称他当时的纳粹言行不过是工作上的权宜之计。审判者是海德格尔的同情者,他判处海德格尔暂停教职直到1951年。

对许多批评者来说,有一件事是最不可原谅的。海德格尔在1945年后一直拒绝评价国家社会主义,哪怕种族灭绝计划的恐怖与残暴大白天下之后很久,他都一直保持沉默。他的沉默在哲学上与**阿登纳**(1876—1967)时期的历史失忆是一致的。(阿登纳是1949年联邦德国的第一任总理。)

政治争议

海德格尔的著作除了在 20 世纪五六十年代曾受到德国马克思主义者的批判外,在暧昧的政治沉默中一直被广泛阅读。1987 年,**奥特**(Hugo Ott)、**法利亚**(Victor Farias)等学者的研究向全世界再次公开了海德格尔在纳粹时期的一些活动事实,并有了新的发现。从此,关于海德格尔的政治问题的讨论一直广泛而尖锐。关键是,海德格尔的哲学是否必然会与纳粹的路线合流?

从存在主义者雅斯贝尔斯的立场出发,"生活"和"作品"二者必然相互交织。

因此,如果人们了解政治生活的事实,并认为这些事实的确是被污染的,那么其作品就不可避免地存有污点……

但对其他读者,生活和作品必须分开来看。从这个角度说,海德格尔可获辩护,他的政治活动纯粹是传记作家、政治历史学家等关心的事情。它不是严格意义上的哲学问题。一个公开的纳粹哲学家写出的文本,总能够从非纳粹的角度加以解读。

其中一些看法，海德格尔的批评者也同意。但是，批评者已经指出在他的哲学与政治之间还存在其他的联系。

布尔迪厄（1930—2002），法国社会学家，一直把海德格尔的哲学语言看成政治性的。他认为，海德格尔把普通的字眼转变成哲学的专业术语，从而恢复了学术语言的日常含义。因此，他能够在谈论政治的同时，又好像与政治无关。

比如"操心"（Füsorge）这个词。一旦它变成了哲学术语，它的任何普通含义，比如社会关怀（Soziafüsorge）或者福利就消失了。这种做法带有政治后果。

对法兰克福学派的马克思主义者**哈贝马斯**（Jügen Habermas）来说，《存在与时间》是德国哲学一个不可逆转和深刻的转折点。海德格尔拒绝对政治和社会生活进行系统研究，他的思想就很容易被任一政治解读所利用。

海德格尔在使用纳粹话语的时候，既欠考虑，也缺乏反思，所以他无法为批判纳粹主义提供任何思想上的帮助，或许直到今天仍是如此。

保守主义革命

还有批评家把海德格尔的哲学称为"保守主义革命",即:通过重新发现过去已经遗失的真理,推动当下的激进变革。或许正如海德格尔所说的"拆解":通过重新获得更原初的意义来代替当下的意义。

纳粹话语与海德格尔在构造上有相似之处。危机四伏,不得不摧毁当下的颓废传统,寻找、恢复那遗失但又真实的过去,借此迎来新的黎明。在"重返秩序"的口号中,纳粹主义向历史时间之外的原则求助:本源,起源,精神天命,等等。

不考虑任何其他已知的立场、公开的表态或者生平事实,二者在策略上的相似之处就可以将海德格尔的哲学与国家社会主义联系起来。

质疑沉默

尽管备受批评,海德格尔的作品仍然深刻影响了许多与其政治观念完全不同的人。马克思主义者萨特或许是最著名的一个例子;另一个是犹太裔的**德里达**(1930—2004)。但最令人心痛的是罗马尼亚犹太诗人**保罗·策兰**(1920—1970)。

策兰的父母都死于纳粹的屠杀,他本人自劳动营幸存。他用德文写诗,这些诗歌痛苦地探索着德文的世界。他也追问存在,但却是从对犹太人的大屠杀的角度来思考。

那策兰怎么可能赞赏海德格尔的思想呢?他怎么会在1967年接受海德格尔的邀请,去托特瑙堡与黑暗王子本人共度三日时光,又在事后说"非常愉快、收获很大"呢?

托特瑙山

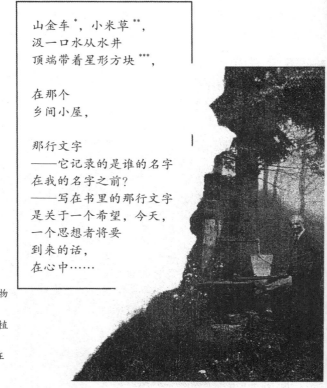

山金车*,小米草**,
汲一口水从水井
顶端带着星形方块***,

在那个
乡间小屋,

那行文字
——它记录的是谁的名字
在我的名字之前?
——写在书里的那行文字
是关于一个希望,今天,
一个思想者将要
到来的话,
在心中……

* 山金车,这种植物可用于治疗瘀伤。
** 小米草,这种植物可用于明目。
*** 星型方块就放在海德格尔的水井上。

海德格尔对历史一直保持着沉默,从未对自己曾支持希特勒的统治表达任何悔恨之意。策兰的这首诗歌在开头反思了海德格尔长期的沉默,他的拒绝忏悔。诗人仍然期盼着某种言说,正如他在海德格尔的访客留言上所写。

海德格尔感觉到自己有必要说些什么吗?或许他根本没觉得自己有什么错。让人感到好奇的是,策兰或许和海德格尔在某一个问题的认识上达成了一致,这个问题超越错误、救赎或悔罪的探讨,超越道德或者政治判断的通常价值观,那就是存在的问题。

存在的真理

在 1934 年的政治插曲以后,乃至在后来的岁月里,海德格尔是如何继续探讨"存在的问题"的呢?在《存在与时间》这部未完成之作里,他对**人类**的存在进行了详尽分析,却几乎很少触及**存在本身**。

他很早就知道,直接回答这个问题一定会失败。

说存在是 **X 或者 Y**……就把存在当成了一个存在者,一个 X 或 Y,不过是众多存在者中的又一个,因此会再次错过存在本身。困在这样一个隐形的循环里,他不禁发问:什么才是存在的**真理**?

这样发问听起来对问题的解决没什么帮助。但海德格尔认为,存在着两种抵达真理的方法,而其中之一终于打开了思考存在的不同寻常之路。

通向真理的两条道路

海德格尔展示了通向真理的两条道路。

1. 等同或者相符：陈述和判断必须符合一个客体，即以某种方式与客体相像，或者与它相吻合。真理就是知识与物质、思想与事物之间的一致。如果一个陈述以某种方式的确"符合"它描述的对象，它就可以被认为是**正确的**或**对的**——通常来说是"真实的"。

这种正确遗漏了什么？看起来很明显，它是有用的，甚至都不需要上帝……

……但我想到了别的东西……aletheia（去蔽）。

2. "aletheia"在古希腊语中指真理。海德格尔指出，它还有一个意义"去蔽"（unconcealment）。所以，当希腊人想到真理的时候，他们想的是去除遮蔽、显露、揭示或者打开。真理在这里就是"把事物从隐藏的状态中拿出来"，而不是指陈述与对象相符合。

真理的真理

海德格尔认为,只有当存在物被去蔽、揭示、显露的时候,它们才有可能被遭遇、经验和认识。陈述与陈述的对象都是存在者,如果它们和做陈述的人没有一开始就被揭示为存在者的话,这两者是不可能被放到一块加以"匹配"的。**去蔽**必须先于等同。

去蔽是"第一真理"。它是关于存在者"得以存在"(coming into being)最根本的真理。

海德格尔整个后期哲学的努力方向,就是要是要描述这一奇怪的结论。**去蔽**、揭示和显露都是中心词。

然而,这些术语听起来神秘难解。他到底什么意思?

去蔽：从胡塞尔到海德格尔

海德格尔早已做好理论铺垫。

胡塞尔把客体描述为在意识中被"揭示"或者"显露"，海德格尔从他那里继承了这些考古学的比喻。胡塞尔还给了后者另一个启发。某些客体在意识中被很**清晰地**揭示，但还有一些处于边缘地带，**不清晰的**或晦暗的，比如"模糊的记忆"或"幻想中不清晰的浮动的图像"。

意识是一个既有光明又有黑暗的区域，或者使它闪烁的内容变得明晰，或者将它们隐藏在阴影中……

在《存在与时间》中，存在者被此在"揭示"。揭示存在者，就是以具体的方式使它们显露，与它们相遇，体验或者认识它们，作为这种或那种存在者，比如作为工具或者自然物，作为人或者事件，旧的或者新的，等等。

明敞

去蔽需要得以发生的场所。在《存在与时间》中,这个场所就是此在本身。此在是一个使自己向存在者"敞开"的存在者。它自身就是一个"敞开"、一种"净空间"或者"明敞"(Lichtung),在其中存在者被揭示。海德格尔的术语非常奇特,但实际上他修正的是一个非常常见的想法:是人遭遇到存在者,注意到它们,并发现它们。

在 1930 年代,海德格尔将此在从一切中心位置移除。

"明敞"就是一个超越了人类的场域,此在和其他存在者一同存在于其中。

这是一个非同寻常的做法。这个明敞是什么?海德格尔称它为一个"敞开的区域"或者"关联的区域",在这里存在者以许多不同的方式显现,彼此相遇。人对明敞很重要,但人对其中发生的一切都没有整体控制权。

敞开、澄明与到场

这一明敞本身是难以把握的。它并不是一个实际的存在物,一个物,一个物理域中的实体,可见或可听。海德格尔为了描述它,使用了一种深奥的、循环的、催眠般重复的语言。

"明敞"在德语里是"Lichtung",意思是一个开口或者一个敞开的空间。它可以指一片林中空地,一个自由的、清理干净的宽阔场域。

但是"Lichtung"还有照亮的意思。所以海德格尔使用了光的隐喻——"明敞",有澄明、从阴影中或晦暗处拿出、照亮、启明等意义。

海德格尔还探讨了**到场**(PRESENCING)。

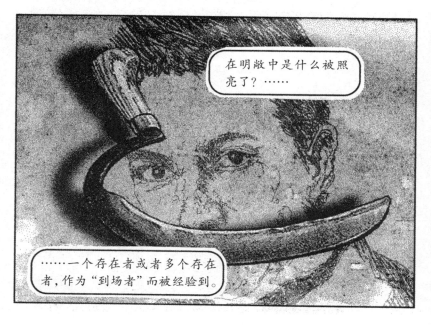

在明敞中是什么被照亮了?……

……一个存在者或者多个存在者,作为"到场者"而被经验到。

当存在者被显露,它们就变成"在场的",即它们似乎和我们在一起,或许就在我们近旁,使得它们彼此间、它们与我们之间具有某种内在关联。

在明敞中,存在作为一种**到场**引领着自己。

为什么要构想出这样一个别扭的领域,使用这样刻意的语言,去表达我们通常所说的"现实"或者"物质世界"?

海德格尔这样做的目的是打破人们的思维习惯。在日常生活里,我们感觉生活于其中的宇宙装着一切存在的东西,哪怕我们其实忽视或者误解了其中一些存在物。

但是海德格尔的明敞,更像是一个为人和物之存在提供可能性的无限复杂的空间。在明敞中,有些存在者显现,也有一些并不显现。海德格尔认为,我们如果忽视这一不显现,就无法理解存在最根本的事件。

去蔽中的遮蔽

他是这样论证的。作为揭示的去蔽有一个对立面:遮蔽。被遮蔽的存在者没有被发现。但一个悖论是,正是去蔽造成了这一遮蔽。

为什么这么说呢?在明敞中揭示存在者,就是让它以某种方式显现,比如作为一个"工具"或"自然物",作为"腐烂的""危险的"等等。

别的方式是**可能的**,但是以特定方式发生的特定揭示,将别的可能性都排除了。这一可能性遮蔽了其他的可能性。

比如收音机。把它调到某一波段,就等于同时否定了其他波段,因为不可能同时接收全部波段,那些被排除的波段虽然没有收听,但作为可能性保留着。以一种方式揭示一个存在者就遮盖了别的可能性。每一个去蔽同时也是遮蔽。

揭示的边界

这儿还有一个历史维度的问题。存在者在不同的时代以不同的方式显现,在某些时代它们可能根本不显现。

古希腊人没有揭示 DNA、人类克隆技术,或一神论的上帝、教宗、女巫和天使。古希腊人在他们以奴隶为基础的经济中,揭示的**正是**酒神狂欢、迷狂仪式、他们对神话和神谕的迷恋,现在属于那个时代的特定**去蔽方式**已经消失,这些也随之消失,或者很难被我们理解了。

但是我们怎么才能知道呢?
我们可能没办法。人类不可能轻松地揭示他们想要揭示的一切东西。

也不可能使**所有**存在者在明敞中同时被揭示。事实上,将所有存在者**当作一个整体**去思考,就得思考遮蔽和缺席。那些没有向我们显现的存在者是没有到场的,是无法想象的**缺席**。

遮蔽之光

因此,明敞很可能是一个含混不清的领域,绝不是一个由稳定在场构成的宇宙。它更像是一个在启明和黑暗间闪烁的场域。存在者在光芒中显现,但就在这光芒中存在者也会抽身、躲入阴影中,变成缺席的。每一个敞开同时也是关闭,每一个照亮同时也投出阴影——在存在者的到场中,每个在场的同时也带来缺席的。

对海德格尔来说,这就是存在的真理:存在者遮蔽与**去蔽**的游戏。他甚至在**去蔽**(aLETHEia)这个词语中发现了这一特点……

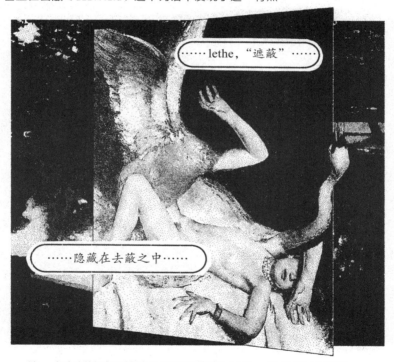

……lethe,"遮蔽"……

……隐藏在去蔽之中……

这一点立刻被法国精神分析学家**拉康**(1901—1981)敏锐觉察。

在海德格尔的术语"去蔽"中,真理把她的秘密告诉了她的爱人:正是在隐藏中,真理才以最诚实的方式向爱真理者展示自己。

那还有哲学的位置吗？海德格尔对存在的追问其实还是对西方哲学的持续批判。在他看来，西方哲学史上所有伟大的哲学家——柏拉图、康德、黑格尔，甚至尼采——都没有意识到存在的真理，也没有找到它的语言。事实上，他们的方法无一例外都导向对存在的**遗忘**。

> 我决心颠覆他们，还有所有科学和日常思维都习以为常的预设。

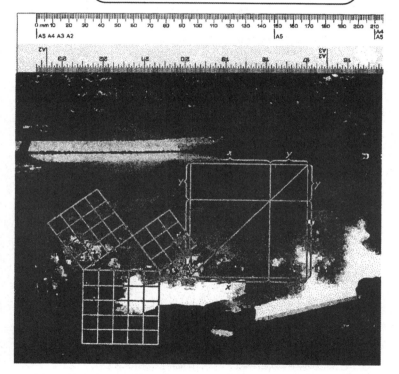

比如明敞、澄明和到场，它们都抗拒一切经验性的检验。我们不可能跑去看看它们，然后与海德格尔的描述进行比较，检查彼此是否相符。那样做是在把真理当成一种"适当"来追寻，或者用海德格尔的话，这种"验证"完全不适用于他的思想——他的思想既不能说是"对的"也不能说是"错的"。去蔽不是有待验证的东西，它有待体验。

逻辑学的废墟

那么，**逻辑的**方法可以提供证明吗？

与海德格尔同时代的"新康德主义"哲学家一直诉诸逻辑。逻辑陈述追求的是，在所有时间和地点都有效，就像数学里的命题"17+1=18"，不论时间还是上帝都无法改变这一结果。

那么，我们是否可以依赖逻辑学里的无矛盾律，声明说某物**不是**"A"**就是**"非A"，不可能同时是两者？只要有任何一对对立项——某物**不是**这个**就是**那个，不是光明就是黑暗，不是在场就是缺席，等等——无矛盾律就能提供一种确定的力量。

海德格尔期望的是一种不同的力量。

去蔽之光同时也带来了黑暗，我在其中发现了这力量。

造成遮蔽的去蔽，带来晦暗的明晰，不遵循任何逻辑的对立法则。意识到这一结果，海德格尔将遮蔽描述为"Geheimnis"，一个秘密。

朝向"思"

如果真理是去蔽,那么**真理就是一个秘密**,这让人想到中世纪和其他传统中的神秘主义。海德格尔称这"让哲学很不安",至少在这点上他是正确的。

他呼吁人们战胜哲学,2500 年的传统被他概括为"西方形而上学"。而他则把自己的工作称为"思",区别于"哲学"。这种思将"从根本上就是不和谐的",自己反对自己,在**去蔽**的同时又**遮蔽**才是负责任的做法……

哲学之思是柔和的泰然任之,它并不拒绝存在者整体的遮蔽状态……

哲学之思的独特之处就是坚定的、决断的敞开,这一敞开并不扰乱遮蔽状态,而是邀请遮蔽未被损坏的本质进入理解活动敞开的空间……

思就源自遮蔽的一种诱惑。

海德格尔论艺术

这种思要如何进行呢?存在之**谜**在哪里显明,被我们充分体验?

不是存在物让我们感到非常熟悉的地方……

海德格尔将注意力转向**艺术和诗歌**。他探讨古希腊最早期的**前苏格拉底**哲学、中世纪的神秘主义和**非西方的**哲学。

他的工作不同寻常。他必须锻造出一种神秘而诗性的语言,允许并引诱去蔽的游戏自由展开,在他看来,这种语言在存在的发生事件中发挥着作用。

他的首要策略是探讨艺术。1935—1936 年间，海德格尔在弗莱堡、苏黎世和法兰克福大学的系列公开演讲中，发布了一篇研究艺术的重要论文。

这是一个极富争议且带有政治意味的选择。当时引领潮流的一代是表现主义者、达达主义者、建构主义者、新客观主义者和布莱希特现实主义者。这些人让伟大的传统分崩离析，挑战了传统的艺术价值观。但在 1933 年，纳粹党宣传部长戈培尔和他的帝国文化院正在努力让艺术领域"和谐"起来。

整合可以接受的艺术家……

……然后除掉其他的。

这可不是一件容易的事情。戈培尔等人扶植他们挑选的现代主义者，比如"日耳曼的"表现主义者**诺尔德**（1867—1956）、**蒙克**（1863—1944）、**巴拉赫**（1870—1938）和**基尔希纳**（1880—1938）。另有些现代主义者本身就是纳粹党员。

纳粹对"堕落艺术"的批判

整整四年,政治权威、策展人和艺术家都卷入德国当代艺术的争论。

到 1937 年,已经举办九场嘲讽"堕落艺术"的展览,所有博物馆都禁止现代主义作品入内。戈培尔只好放弃对现代主义者的有限支持。

德国艺术现在必须是流行易懂、确定且干净的——复兴新古典主义和浪漫的属于人民的自然主义:讴歌风景和扎根泥土的农夫,"蒂罗尔的青年"和"乡村维纳斯"。

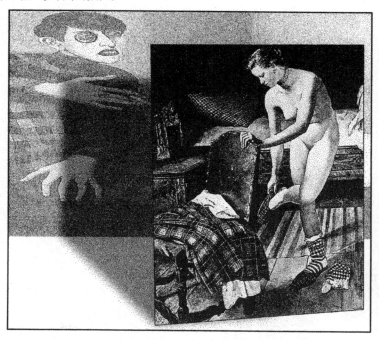

海德格尔也进入这个充满争论的领域,他声称艺术是一种不可抗拒的去蔽。为此,他还对自己的概念"明敞"做了一个重要修正。

他在"明敞"中分辨出两个非常不同的空间——**世界和大地**。

存在的空间

世界是人类活动和关系的空间,即人类历史的空间。"一个不断变化的空间,由决断、工作、行动和责任构成。"一般我们称之为"社会"或"文化",但海德格尔试图寻找一个更加普遍和根本的术语,在这些概念之前产生。

大地是泥土和石头,植物和动物的空间,在这里发生的一切不属于人类历史或人类的关系。

大地在人类历史时间之外延伸……

……并没有完全被人类的决定和选择所主导。

西方科学与哲学讨论过"行星"或"物质",尤其是"自然"。但是,海德格尔想要创造一个更加基本的术语,避开这些传统思路。

世界和大地如何联系起来呢?它们在去蔽的游戏中采取了对立的立场……

根本斗争

- 世界倾向于敞开,凭借光来去蔽。
- 大地则站在关闭、遮蔽、庇护和保存的一边。

所以这两个领域总是处于冲突之中,陷入一场根本的斗争之中。

但斗争的双方并非泾渭分明。

大地多数时候都是隐退的,但也会上升,进入世界……

……比如,当被人类操控或被命名为"自然"时……

人的决断和行动总是以大地为基础,并朝向大地,而大地是不能为人完全掌握的东西。

这些主张听起来可能很古怪,甚至是荒唐的。但对海德格尔来说,它们是脱离传统思想的必要方式,如果考虑到他的思想渊源就不难理解了。海德格尔汲取的是早期的古希腊哲学——前苏格拉底思想的营养。

前苏格拉底之思

前苏格拉底的思想家活跃于公元前 600—前 400 年,即在苏格拉底、柏拉图和亚里士多德这些"大人物"之前。他们的论说只以"断简残篇"的方式保存下来,有些片段还不到五个字,理解起来很困难。海德格尔从学生时代就一直阅读这些作品。

> 前苏格拉底思想家提出的大多是宇宙论,解释具体的事物——人、植物、动物、行星和恒星——但又在这些事物背后寻找潜在的统一性……

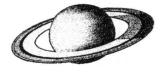

泰勒斯(约前 636—前 546)认为水是万物的本源……

阿那克西美尼(约前 586—前 526)认为气是万物之源……

阿那克西曼德(约前 610—前 545)认为万物的本源是"无限定"(the Indefinite)……

这样的思想很少来自观察或实验,但它也不是以神话中的神或精神为基础。

这种思想为什么会吸引海德格尔?因为它先于我们今天所说的哲学,它更加"源始"(primordial),而且还没有**遗忘**存在。

赫拉克利特

海德格尔写过也讲过**巴门尼德**（约前 515—前 450）和阿那克西曼德。他的"斗争"观来自约公元前 500 年活跃于小亚细亚的赫拉克利特。

对**赫拉克利特**来说，宇宙的三大构成要素——火、水和土——都处于永恒的流变之中，每一个要素都同时包含冷的潮湿部分和热的干燥部分。

因为一切事物的两面都朝相反方向运动——温暖上升，冷却下降……

……这就在所有事物内部造成了一种对立的张力，一种争执（polemos）或者"斗争"……

但这是不可避免的，只要事物还没有崩解……

……这一结构性的斗争使宇宙得以统一。

从现代科学的角度看，这种解释不就是一个低级错误吗？虽然万物就像是造成遮蔽的去蔽那样彼此冲突，海德格尔被这种万物隐秘的和谐所吸引。这一思想提供了一种方式，连接起世界与大地——海德格尔认为这是存在者存在的两个不同领域。

表面上稳定的现实只能在它们的斗争中产生……

艺术作品

艺术作品又是怎么被扯进来的？海德格尔认为，艺术作品在世界与大地的斗争中具有特殊地位。

艺术作品以一种特别的方式同时属于这两个领域。艺术品不像石头或雨水那样，是属于大地的"自然"物。但是，它也不像鞋那样，是属于人类世界的实用的"器具"。

艺术作品是一个交涉之所，是人类的目的、决定与不受人类控制的、不属人的视域的会聚处。

当艺术作品揭示了存在者的时候，它们就使我们注意到大地和世界的会聚。

鞋子揭示了什么？

海德格尔举了鞋的例子。鞋子通过使用而被揭示为器具型的存在物。那是不是说，鞋子肯定没法在一幅画作——比如**梵·高**（1853—1890）的作品——中被揭示呢？

或许不如说，绘画作品能够以不同的方式揭示鞋子。1930 年，海德格尔在阿姆斯特丹看过梵·高关于鞋子的八幅画作之一，或许是"旧鞋子"那幅画作（1886 年）。海德格尔猜测那双鞋的主人是一位农妇，他认为鞋属于大地……

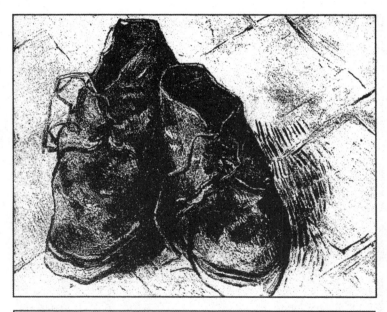

"从鞋子磨损的内部那黑洞洞的敞口，可以感受到劳动者艰辛的步履。寒风拂过田野，农妇在一望无际的田垄上缓慢跋涉，她的坚韧就沉淀在那双鞋里。鞋的皮革上沾染的是泥土的潮湿和肥沃。鞋底下延伸着夜幕降临时田间小径的孤独。在鞋里，回荡的是大地无声的召唤，无言的馈赠——给予人们正在成熟的谷物，还有冬季田野休耕时的荒凉。"

在这篇带有**人民**意味的散文里,这双鞋还在人类世界里找到了它的位置。

> "浸透在这器具里的不仅有毫无怨言的忧虑(忧虑面包的确定性)和无言的喜悦(再次抗住了匮乏),还有临盆前的颤抖和死亡笼罩时的战栗……"

艺术作品本身同时属于大地和世界。

因此,画作描绘的鞋就显现为同时属于大地和世界,而不像现实中的鞋,纯粹作为世界中的器具而显现。艺术作品在世界与大地之间徘徊,它吸引人们的注意,向世人展示这一根本的斗争。

神庙

另一个例子是古希腊神庙。

神庙建构起世界——神庙使用者的历史,他们的时间感、宗教仪式,等等。但神庙也属于大地。神庙矗立在"岩石地基"之上,背后是天空、暴风雨、光、大海和海浪,让这一切显现,使它们"按照它们之所是的样子显现"……

"这建筑抗拒着头顶咆哮的狂风暴雨,稳稳矗立,就这样它首先让暴风雨在狂暴中显现自身。石头的色泽与光辉让白昼之光、天空之广、暗夜之黑都显得光芒四射。神庙坚定的矗立使空气占据的看不见的空间变得可见。而神庙的静谧又凸显了大海的怒吼。"

在神庙中,世界与大地展示了它们彼此之间的交涉。

动态的艺术

海德格尔对艺术的探讨是出人意料的。事实上,他重新定义了艺术。"艺术"现在指的是:对根本斗争的展演,真理事件的发生。

他的文章引起很多争论,也留有不少疑问。比如,海德格尔说,他只考察"伟大的艺术",可是我们怎样判断哪些艺术是伟大的?

我们必须接受他列举的那些具有政治意味的例子吗?一个"保守主义革命"画家,将乡村神话与表现主义的现代主义相连?……一个与纳粹的雅利安-希腊源始性神话密切相关的建筑?存在的根本斗争是否能够在如沃霍尔1980年的"钻石灰尘鞋"中那样同等地显现?

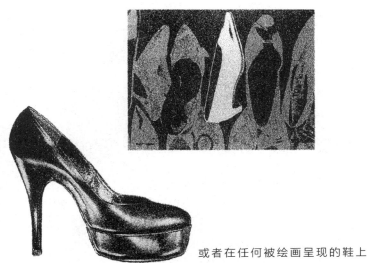

或者在任何被绘画呈现的鞋上显现?

争论仍在继续。但是对海德格尔来说,关键的是要把他的术语"存在"放到一个比哲学、科学或日常思维更适宜的地方。而艺术就提供了这样一个场所。

因诗之名

看起来,海德格尔把视觉艺术放到了第一位,但其实他强调语言作品才是至高无上的。因为语言作品发挥着**命名**的作用。

在他看来,如果没有语言,存在不可能在明敞中显现。语言本质上命名了一切存在的事物和它的特征,在某种意义上语言赋予存在者以存在。在一个名字产生之前("女性主义"或"潜意识"及"客户 – 服务架构"或"新海德格尔主义")存在者可能显现,但绝不及是以那个名字允许的**那种方式**显现。

名字建构并"保存"了存在者。

命名是一个 Verhältnis——聚拢、赐予或给予……

……但是名字也可能丢失。

海德格尔将这一命名描述为"诗歌"。它指的不是随便哪种语言,尤其不是用于现实交流的语言,而是一段"本质"的语言,倾听存在并回应存在。"诗歌"在海德格尔的思想中占据着特殊地位。

海德格尔在寻找一种本质的语言,一种可以言说存在的"诗歌"。日常意义上的诗歌(文学性的韵文)具有重要地位。

海德格尔认可传统的经典名单,他提到过荷马、索福克勒斯、但丁、维吉尔、莎士比亚和歌德。当代诗人也出现过,不仅有策兰,还有新浪漫派诗人里尔克,表现主义现代主义者**乔治**(Stefan George, 1868—1933)和**特拉克尔**(1887—1914)。

这些作家的一个关注点是内在经验和现代精神生活……

但最重要的作家是**荷尔德林**(1770—1843),原初的德国民族主义者,浪漫主义的"希腊人",基督教神学的"异教徒"。

荷尔德林的影响

荷尔德林的诗歌在 1860 年代被狄尔泰发现,直到 1910 年代才再版,他的作品对读者来说是新鲜的,但不是现代主义的。在他充满象征暗示的诗行里,古希腊的形式、母题与浪漫主义的主题相遇。特别是诗人 - 先知的主题,即把诗人看成遗世独立的预言家。

荷尔德林还发明了一种神学——"遗失的诸神"(lost gods)神学。

古希腊人熟知的神祇已经离去,一个新神会在某一天显现……

诗人所有的思想都被赫拉克利特的魔力俘获。

关于荷尔德林,海德格尔写过五篇文章,还经常引用他。荷尔德林似乎一直在探索本质的命名行为,还有存在的领域:世界、大地和诸神。

所以,海德格尔感觉,荷尔德林是一个理解存在的人。他需要这样一个独特的、诗性的权威,从而直接略过标准的哲学论述。

诗人的怀念

荷尔德林在 1802 年的诗歌《归家》里，讲述了一个诗人穿越阿尔卑斯山回到德国故土施瓦本的经历。1944 年，海德格尔在文章《诗人的怀念》中阐发了荷尔德林的诗歌主题。

在阿尔卑斯山，诗人找到了一种返乡的喜悦心境……

……一种内在精神来临，充满喜悦的勇气再次高涨……

对海德格尔来说，这就是喜悦，可以用光的比喻来表达："一切事物都在问候那个寻觅者，都带着宁静的风姿。一切都是那么友好、光明、闪耀、生辉和明亮……"

不过，在光明之上的是一种本质的喜悦，**静谧**（the serene）——它根据一切存在者的存在本性安放、调整和澄清一切："一种纯粹的澄明、流动的澄明，给光本身赋予光明。"

静谧也就是**神圣**。所以在这一至高的领域存在着一个神……

而往更高处，在光明之上，居住着那纯洁的福乐之神，他陶醉于神圣光芒的游戏……

这里端坐着那个至高者，他就是他之所是。喜悦的他，至高的天父（如果他是一个人的话）……

神是难以捉摸的，在这些名称的背后滑动、隐藏。他的本质之名并没有被给出，这个名字还不能在明敞中显现。

但是可以建立一种新的三位一体。"浮动的气、澄明的光以及与它们一同兴旺的大地，就构成了'三位一体'。"

荷尔德林被赋予一种空灵的结构：从**至高者**那里，一道**光芒**发散，穿过喜悦的**静谧**，**静谧**再发出**问候**，照亮**人类的精神**……

当然需要信使,即先知或天使……

来吧你们,守护神!岁月天使!还有你们,
 故园天使,来吧!……为使人类的良善,
  岁月里的每个时刻,在受到应有的歌颂,并奉为神圣时,
   永远不缺乏喜悦相伴……

海德格尔的故园天使就是大地天使:故园就是"人类进入在家状态所需要的空间",这是由大地给出的空间。

岁月天使则是光明天使,即时间的天使,静谧的**改变**,"给予在家园中历史性地逗留的时间"。

海德格尔和荷尔德林的看法一致,正是首先到来因此必然孤独的诗人才能回应这些问候,并转告别人。

那唯一的一个……神圣的静谧……天使和诗人——海德格尔想要努力命名的是什么?对于一个被誉为"对欧陆思想至关重要的"哲学家来说,这似乎是一个奇怪的文本。

海德格尔在同时锻造一个世俗的神学和一个哲学化的诗学。他的神躲藏在异教和基督教的废墟中,不符合任何正统宗教的教义。像荷尔德林一样,他召唤新的神,却又没有命名:任何一个明显的、使用过的名字——不论是基督教的还是别的——都不能把这个神带向我们。那么,我们为什么需要这个神呢?

本质的语言——可以命名的语言,或者建构存在的语言——必须不断与"那个唯一且同一者"、那个"奇点"相连。

这个奇点必须被理解为"永恒不变的",它先于一切会变化的事物。海德格尔"神"的概念就起到这个作用。

旅行

荷尔德林似乎也认识到存在的秘密,即存在在揭示的同时还自相矛盾地伴有遮蔽和保留,这样的悖论颠覆了逻辑。诗人想去施瓦本,就不得不离开阿尔卑斯,所以他肯定就会**远离**令他幸福的至高喜悦?

对海德格尔来说,并非如此……

"亲近绝不是对两个地点之间距离的度量。亲近使近者更近,但同时使近者(the Near)成为被寻求者,因此又是不在近前者。亲近在于拉近近者,同时又和它保持一段距离。亲近是一个谜。"

近者既切近又遥远。因为远,所以它是有所保留的、沉默的和隐藏的……

……但它必须一直是部分隐藏的,否则它就不再是近者。它的秘密正在于此。

归家

海德格尔在"亲近"中找到了家和祖国的本质。德国绝不仅仅是一个地理概念,它是对"源头"的反思,这个源头既切近又遥远。

"祖国最内在的本质——德国人之为德国人——**被隐藏了**。那些身在远方却非常慷慨地为这一仍然隐藏的发现献出生命的人,或许就是离诗人最近的家人。存在对家园的回归。这一归家就是德意志民族历史存在的未来。"

海德格尔的德国至少可以从两个角度加以解读:一个是 1944 年民族主义的德国,与其战争行为紧密相连;另一个是几乎不可能的德国,一个永远尚未到来的德国,既切近又遥远,一个亲近之谜,一个被追寻的"源头",但同时又作为一个隐藏者而被守护着。

四重结构

1945年以后,海德格尔公开放弃了民族主义的主题。不过,此前对于语言与诗性思维的探讨他仍在继续,并经常因此修正对于存在问题的想法。

1951年,他提出**四重结构**(das Geviert):大地、天空、有死者与神之间彼此统一的互动,或者说"共同发生"。

> "要想到,人类存在就在于栖居,即终有一死者在大地上的逗留。但'在大地上'就意味着'在天空下'……"

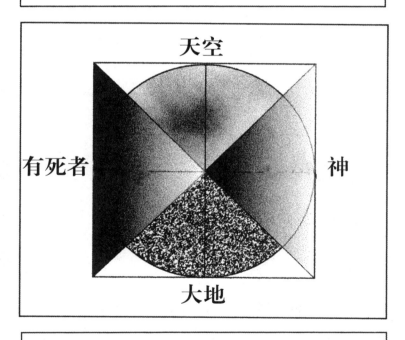

> "这两者还意味着'一直在诸神面前'。凭借着一种原初的一体,这四者——大地和天空,神与终有一死者——一同属于一。"

这一四重互动的灵感来自荷尔德林,比如他的诗"面包与美酒"(Bread and Wine,1800年)。古希腊是富有诗性的,它的诸神现在仍被终有一死者召唤,却已然退隐。

> "可是王位呢,在哪儿?庙宇、餐盘在哪儿?里面盛满花蜜,还有众神喜爱的歌声?那么,它们在哪里闪光,那远古而来的格言?德尔斐在沉睡,那巨大的命运在何处喧嚷?"

在诸神与终有一死者之间存在着**语言**:本质语词的传递。

> "语言的力量逐渐增强,而且虽然语言走得很远,但从先人手中传递下来的古老符号在击打、创造中发出回响……夜给我们汹涌的语言,这语言将像恋人那样彻夜不眠。"

海德格尔的四重结构是一个单一的统一体，因此思考任何一个领域就是在同时思考别的领域。他用荷尔德林的方式描述这些领域。

"**大地**是服务别人的承载者，它发展、兴盛、结出果实，在山川、河流中铺展，升入植物和动物……"

"**天空**是太阳划过的拱形路径，是月亮变幻的轨迹，是星辰徜徉的光辉，一年的四季和它们的变更……"

"**神**是神性令人心动的使者，神从神性的神圣支配中显现或者退隐到他的隐藏之中……"

"**终有一死者**就是人类：人能够死亡。死亡意味着能够作为死亡而死亡。只有人类死亡。"

语言也很重要……

基调与聚集

语言不再是使用的交流,也不是供科学语言学研究的语词与规则。海德格尔坚决地颠覆了日常思维。

在他看来,语言是**无人格的**,且不仅仅是人类的所属物。语言属于四重结构。这不太容易理解,不过,可以设想演说者演讲的情形,是**语言**在演说中发挥作用、生产意义等等。是语言在言说,而不是演说者在言说——语言先于演说者,语言**说出了**演说者的姓名和身份……

语言"言说我们"而不是相反……
语言还"言说"了其他的所有存在者……
语言"言说我们"而不是相反……
语言还"言说"了其他的所有存在者……
语言"言说我们"而不是相反……
语言还"言说"了其他的所有存在者……

在海德格尔眼里,语言维系着四重结构,在**基调**或和谐中使这四个领域保持着面对面的相遇关系。语言发挥着一种原初的**聚集**作用,或者说聚拢这四个领域的作用。

另一种聚集是由建筑实现的,比如一座桥。首先,**大地**……

桥并不只是连接已经在那里的河两岸。它是一种"使得河岸作为河岸而显现"的特别方式。

桥将河流、河岸和土地拉到一起,使它们比邻而居……

桥将土地"聚集"为河流周围的风景。

天空也被聚集了……

"暴风雨或融雪造成的洪水来自天空,它穿过矗立在激流中的桥墩。桥将水流抬向天空,因为桥使水流在拱形的桥洞下耽搁了一下,然后才放它自由奔流。"

海德格尔颠覆了通常的假设：**首先**，有一个地形，**然后**桥附加于其上——好像我们不得不在思想上模仿地理成形和技术建设的顺序。

其实不如说，一个建筑——在这里也即一座桥——给它的环境提供了某种存在者，而环境**不可能离开**这个存在者。这个建筑**同时**还是揭示。

大地和天空凭借桥所给予的特殊方式，和桥**一道**获得了它们的在场。

那终有一死者和诸神呢？

桥在日常事务中"为终有一死者提供通过的路径"，同时还将凡人与神相连——或许是在超越人类"平凡和脆弱"的渴望中，或许是在对于神圣的冥思中。

那它仅仅是一座桥……还是比这更多一点，某种文化的标志？它仍然只是一个物，但却聚集了四重结构。

跳脱西方思想？

这并非从事西方哲学的标准方式。海德格尔在探索许多思想资源，包括东方思想。20世纪二三十年代，他开始协助翻译和研究佛教与道家的多个文本，在自己的作品中借用它们的主题乃至整段文字。

海德格尔的思想和这些文本有许多相通之处。佛教与道家都侧重**非二元主义**的思想，即没有主客的区分，没有简单的对立。它们的思想都朝向存在物的**无常**（impermanence）或者非固化性，而非稳定的实体……

而且和西方的科学理性不同，一切解释都不按照因果关系来寻求……

所以，海德格尔的四重结构就与东方思想有相似之处。

比如**齐默尔曼**（Michael Zimmerman），就在一个佛教华严宗思想家的故事里找到了海德格尔四重结构的影子……

帝释天的宝石网

帝释天有一张能够无限延展的网，它代表了宇宙。而在这张网上，镶嵌有无数完美的宝石，每一颗宝石都反射出其他所有宝石的光芒。光芒在所有宝石之间彼此嬉戏、同时映射，没有任何一颗宝石拥有优先权或者高于其他宝石……

海德格尔的四重结构说至少和它有一些相近之处。

存在者在一个被诗意言说的舞台、在一种相互的嬉戏中，同时一块儿出现。澄明与光亮的隐喻描述了它们逐渐显现的过程。它们的嬉戏是没有原因的，既无基础也无缘由。

理性的原则

海德格尔还汲取了西方的神秘主义。从公元 500 年到 1300 年,基督教神秘主义一直努力寻求与上帝的精神融合或统一,这是一种使人狂喜的体验。上帝超越一切概念范畴和理性化的证明,但或许能够通过"谦卑"或"贫困"(自我与日常世界的消融),通过对神圣启明的反思冥想而被个人所经验。

海德格尔对**爱克哈特**(1260—1328)及其他中世纪神秘主义者的作品非常熟悉,这些人为他提供了哲学理性之外的思想进路。

1955 年,海德格尔在**莱布尼茨**(1646—1716)的一个短语里发现了"理性"现代意义的关键。他将这一意义与**安哥拉思·西勒辛思**(1624—1677)的神秘主义思想相对比……

理性与存在

莱布尼茨宣称,所有事实都一定有一个"充分的理由",可以解释它为什么如此而不是别的样子。莱布尼茨寻求"为什么"和"原因"。安哥拉思的玫瑰,它的存在不会向莱布尼茨式的寻觅敞开自己。

海德格尔还求助于赫拉克利特:**理性**与**存在**紧密相连。

然而,赫拉克利特之后思想家对于理性的理解都遗忘了这一点,比如把理性解释为"比例"或者逻辑。

存在的嬉戏

海德格尔认为，存在是作为一个没有缘由、没有根据的嬉戏而发生的。这种嬉戏的观念在安哥拉思和赫拉克利特看来可能非常合理，但莱布尼茨和现代人却难以接受："人类通过他们的生活参与到这场**嬉戏**中，这嬉戏关乎人类的本质……"赫拉克利特这样说……

时间就是一个玩国际跳棋的孩子……国王般的权力掌握在一个孩子手里……

存在的命运？一个正在玩耍的孩子，手里变换着棋子……

赫拉克利特带入我们视野的这个"世界嬉戏"的孩子，它究竟为什么嬉戏呢？它嬉戏，是因为它嬉戏。这个"因为"在嬉戏中消亡了……

"嬉戏是没有'为什么'的，它嬉戏就嬉戏了。它一直就不过是一个游戏。它是至高之物，也是最深沉之物。但这个'不过'就是一切，那一个，那个唯一……"

词语与书写

海德格尔还采用了其他策略颠覆传统思维方式。他探索自己的母语,在使德语陌生化的同时,使它返回更原初的可能性。他搜索词语隐藏的**词源**,它们的历史含义——最主要的是"存在"一词已经被遗忘的意义。

比如,德语"bauen"意思是"建筑",即技术层面上的建筑。但在古德语里它还指培育、滋养、照顾,还有保存……

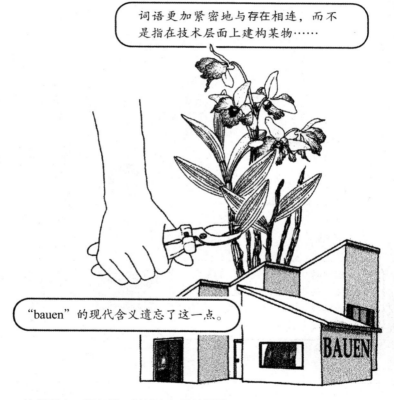

> 词语更加紧密地与存在相连,而不是指在技术层面上建构某物……

> "bauen"的现代含义遗忘了这一点。

这样看来,存在着一种被人忽视的沉默……

词语被用尽,变成老生常谈,丧失了赋予存在的力量。而海德格尔希望恢复词语的这一能力。

他使用奇怪的书写风格,个人化的拼写,已经被弃用的旧词,生造的新词,和引发多重联想的词语。他试图让语言重获新生。

甚至存在这个词本身,即德语 Sein,也已经陈腐不堪。海德格尔说他对这个词已经厌倦。所以,有时他采用一种古旧的拼写"Seyn"。

在《有关存在问题》(*Zur Seinsfrage*)中,他在存在一词上打了个叉。我们不得不使用这个词(Sein),但又不能让它完全代表存在……

对存在的再现,不论是以词语还是别的方式,都不是存在本身……

所以存在的词语属性就被抹除了……

海德格尔的词源学考察对很多语言学家来说华而不实,而他不合常规的写作风格也让许多哲学家非常头疼。

而对海德格尔,这是思考所必需的。

技术与现代性

一个非常重要的"思想必需"就是对技术的批判。海德格尔长期受反现代主义思潮影响,他在 1950—1960 年代多次指出,现代技术已对人类社会形成"无边的操控"。

对此,他提出了非常重要的批判。测度、估量、计算的逻辑被应用于一切事物。对**效率**的追求将主导人类的所有活动,即以最小的投入换取最大的产出。自然将被掌握和操纵。

技术思想没有为自身设定任何限制……

……它无限膨胀,已经侵入其他思维方式。

结果造成对世界和人类毫无约束的、彻底的技术化。甚至人类的话语也将托付给"电子思维和计算机器",仅以传播"信息"为目的。

"技艺"一词已被遗忘的意义

海德格尔搜寻"技术"已经遗失的意义。在 1830 年代,这个词指用于生产制造的科学思维。但它源于希腊词语"技艺"(techne)。

技艺不仅指一个匠人的活动和手艺,还指"意识的艺术"和艺术……

技艺还包含某种诗意的东西,即某种创制的东西……

希腊语"poiesis"指"使……存在"或者"带入在场",而这发生于所有工艺制造和艺术活动中。

技艺(techne)和创制(poiesis)这两个词语表明了去蔽(aletheia)。而现代的"技术"一词早已遗失了这层含义。技术的确也"揭示",但在某种程度上它抹除了创制的意义。

技术的揭示效果

技术是作为**处置**而非创制运作的。处置将事物揭示为完全**可以获得的**东西。存在者被揭示为可供使用、榨取和操纵之物。

因此一切都变成了存货、储备或供应,现成的、等待着。在技术时代,存货被看作"真实的东西"。

处置意味着一种对于自然的**挑战**和**胁迫**:

"农业现在变成了机械化的'食品工业'。空气被逼迫着生产氮气,大地则生产出矿物,矿物再产出铀。铀再被迫交出原子能。这一胁迫解封和暴露,竭力以最少的花费获取最大的收益。"

技术的危险

技术就是一种揭示的模式。但是按照技术的方式揭示存在者就是去强制、胁迫、触犯或者控制它们,使它们以存货的形式显现。

这样做的危害是什么呢?创制萎缩了。希腊原初的揭示模式被阻塞了。所以海德格尔认为,技术的危险并不于某个具体的机器或技术上,也不在于对它们的使用,或者它们造成的社会或环境损害……

他提出了解决办法。

创制可能就隐藏在技术处置的**内部**,因为处置仍然是一种揭示。创制作为一种"拯救力量"就隐藏在那里。

海德格尔暗示,唯一的希望在于诱使创制出现。

拯救的力量

拯救如何实现呢？只能通过反思性的思考，或许还有艺术。艺术"被召唤进行诗性的揭示"，它和技术很像，但又在根本上与之不同，或许会培育出一种新的诗性技艺。

这听起来非常不切实际，很像是一种寂静主义，甚至非常消极。海德格尔呼吁一种"任其自然"（letting-be），一种朝向存在的反思性协调。

任何通常的行动都没有帮助。行动已经与技术紧密相连。

出人意料的是，这一思想已经影响到生态学——或者至少是一些"深度生态学"。

深度生态学在 1970 年代由**阿恩·纳斯**（Arne Naess，1912—2009）创立。它主张，非人类的存在者也具有固有的价值，因此要求约束人类的实践活动。这一思想产生了许多变体，比如倡导意识提升、自然神秘主义、泛神论宗教、原始万物有灵论和宇宙同一论（"你就是星球"）。

生态学与根本之思

确切地说,海德格尔的思想为生态学提供了一种不同于计算理性的哲学基础。

有人用它来颠覆人-自然的二元论和生态思维中的人类中心主义。他的思想还被用于整体的、沉思的路径,用于批判技术解决论——比如"环境管理"。

然而,这些几乎都不是海德格尔所关心的重点。他并没想要拯救地球,或者努力改善地球上的生命或非生命的状况。他问题的焦点是"对存在的遗忘"。

他认为,技术与存在的历史相连……

这个历史讲述的是"存在"如何在古希腊、中世纪和现代接受了不同的名字……

……其中需要保护的是人类的本质,即人类与存在的恰当关系……

存在的历史

在海德格尔的历史中,存在被命名为理式(柏拉图)或者实体(亚里士多德),上帝、主体(笛卡尔),还有意识(胡塞尔)——其他人也有贡献,比如尼采提出的"权力意志"(Will to Power)。

这是一个关于西方形而上学思想的历史。在其中,**存在**逐渐地被遗忘,或者不如说,存在不断地退隐。一旦柏拉图——或许更早一点的阿那克西曼德,走向理性、计算和通过逻辑或观察来证明,存在就已经走向被遗忘的轨迹了。

这是**遗忘存在**的最终阶段——除非一种非形而上学**且**非技术立场的思想能够指出这一危险,并被人聆听。

根本问题

海德格尔对于技术的批判既不是一种简单的反现代主义,也不是一种生态政治学的计划。它所致力的目标更加"根本"。

这就引发了一些典型问题。海德格尔在根本层面上进行的思考,使用了未经反思的反动田园主义的和乡村怀旧的意象。他没有提供任何经济、社会、政治或伦理层面的观点。在他看来,这些都属于完成的形而上学或者技术,因此他避而不谈。只有**一个**关键问题……

"人类是**会思考的**动物。这就穷尽了人类的本质吗?或者,人类的本质不正是它对存在的从属关系吗?存在的本质不是仍然值得思考的吗?这才是问题所在。这是思想的世界级问题。对这一问题的回答将决定大地和大地之上人类存在的命运。"

海德格尔的影响

海德格尔认为自己的重要性在于那独一的问题——存在的问题。

不过,海德格尔在朝向存在的途中所做的一切也很有意义。他对古希腊、中世纪和现代哲学的重新阐释是非凡的,他还提出了一些影响深远的概念——此在、世界与时间,他颠覆了关于艺术、诗歌和语言最常见的观念。海德格尔在可以思考的边缘进行思考,而他用来克服三千年西方哲学的思想策略具有广泛的吸引力。

所以,海德格尔造成的影响是**多方面的**,甚至经常是在和他的存在之问毫无关联的领域。其中很著名的一例是海德格尔对"后结构主义"(尤其法国后结构主义)的影响。

后结构主义者

福柯（1926—1984）在20世纪四五十年代致力于研究海德格尔的思想。

> 我借用了海德格尔对主体性和笛卡尔理性主义的批判，不过是把它应用于关于权力、知识和话语的理论中。

拉康（1901—1981）翻译过海德格尔，还在1950年去德国弗莱堡拜会过海德格尔。

> 我探讨了海德格尔提出的时间性、被抛状态、语言与"真实界"等概念，不过是在精神分析领域。

> 像哲学家德勒兹（1925—1995）那样，这些思想家都借鉴了海德格尔的观念策略，但没有继承他对存在的特别关切。

德里达（1930—2004）和解构主义也是这样。德里达承认海德格尔对他的深刻影响。但他的解读却不是海德格尔式的，因为他的目标不是探讨存在问题。德里达的兴趣是激进颠覆西方的形而上学传统。

海德格尔的解构

事实上,海德格尔的存在概念仍然深嵌于形而上学的传统内。海德格尔而非尼采才是最后一位形而上学家,因为他还是执着于寻找形而上学的**基础**、本质、起源和真理。

德里达借用海德格尔的策略来截断这一寻觅。比如,他颠覆了"对立化"的思维方式,包括海德格尔最根本的一个二元对立——**存在者/存在**。

可是,一旦思想最深处沉淀下来的基础也被破坏的话,我们还怎么进行思考呢?……

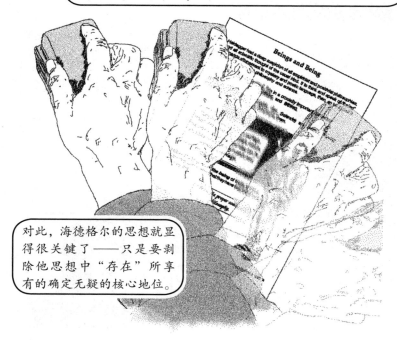

对此,海德格尔的思想就显得很关键了——只是要剥除他思想中"存在"所享有的确定无疑的核心地位。

在其他人——比如实用主义哲学家**理查德·罗蒂**(1931—2007)——看来,海德格尔建构了一个关于存在的**神话**。除此之外,还有一些别的完全没必要的神话……

去神话化的海德格尔

约翰·卡普托(John Caputo)提出,通过仔细检省海德格尔思想中隐藏的诸多神话,比如日耳曼-希腊传承神话,独一、源始、本源的神话,以及将去蔽看成古希腊人专有所属物的做法,对海德格尔的思想进行去神话化。

他建议用"**正义**的贫弱、不可见和谦卑"去颠覆"**存在**的权力、荣耀和声名"。这只是将社会、政治和伦理问题重新引入海德格尔思想的诸多努力之一。

许多思想家都指出海德格尔的"根本"之思漠视具体的人类差异,比如种族身份的差异,性别身份的**差异**。曾与海德格尔关系密切的学生犹太裔哲学家**汉娜·阿伦特**(1906—1975)就是其中之一。

不过,所有这些解读都是在与海德格尔进行对话,而不是批评他一无是处。海德格尔也吸引另一些学者,这些人几乎在把他的思想当成是"信仰"来捍卫。

海德格尔的问题

从海德格尔的角度看,思想中的根本运动只有一个本质任务——追寻存在的问题。这是唯一值得思考的问题。

但是,我们已经看到,这个问题并没有常规意义上的答案,只有持续不断地重新发问:存在的**意义**,存在的**真理**,存在的**领域**与**事件**。

海德格尔分析了去蔽、澄明、四重结构和语言,但从未把其中任何一个当成稳定不变的概念。

> "存在将自身的明敞和澄明赠予我们,存在在它的退隐中且通过它的退隐触摸到我们。
>
> 我们站立在存在的明敞和澄明之中。我们站立其中,存在者的存在认领了我们。我们是被赠予者,被引入时间的嬉戏空间里。
>
> 这意味着我们参与这一嬉戏空间,并保证它的存在;依赖这一存在的明敞和澄明,并给它赋予形式——要从最广泛和多重的角度去理解,还要保护它……"

海德格尔的思想会因为哪一点而对未来产生深远影响?因为它检讨了西方思想传统,还是因为它在根本上唤醒了人们去直面存在?

到目前为止,更可能是前者。

我相信,海德格尔更希望的可能是后者。

延伸阅读

海德格尔的文集如果完整出版的话，将会多达 100 多卷，而关于海德格尔的研究著作则成千上万。海德格尔到 1972 年为止的作品，最完整的清单是 Hans-Martin Sass 主编的 *Martin Heidegger:Bibliography and Glossary* (Bowling Green State University, Ohio, Philosophy Documentation Centre, 1982)。一些有用的导论书目可参见下面 Guignon 与 Krell 的著作，以及 Thomas Sheehan 的 *Heidegger：The Man and the Thinker* (Precedent, Chicago, 1981)。

海德格尔主要文本

1924: *The Concept of Time* (Blackwell, Oxford and Cambridge, Mass., 1992).

1927: *Being and Time*, tr. Joan Stambaugh (New York State University Press, 1996); also tr. John Macquarrie, Edward Robinson (Harper & Row, New York, 1962).

1930/1943: "On the Essence of Truth", in Werner Brock (ed.), *Heidegger: Existence and Being* (Vision Press, London, and Regnery, Chicago, 1949).

1935-6: "The Origin of the Work of Art", in David Farrell Krell (ed.), *Martin Heidegger: Basic Writings* (Routledge, London, and HarperCollins, New York, rev. edn.1993).

1944: "Remembrance of the Poet", and 1936: "Hölderlin and the Essence of Poetry", in *Existence and Being*, above.

1946: "Letter on Humanism", in *Basic Writings*, above.

1950-4: *Early Greek Thinking* (Harper & Row, New York, 1975).

1951: "Building Dwelling Thinking", in *Basic Writings*, above.

1953: "The Question Concerning Technology", in *Basic Writings*, above.

1955-7: *The Principle of Reason* (Indiana University Press, Bloomington, 1991).

1959: *On the Way To Language* (Harper & Row, New York, 1971).

深入阅读推荐

经典导读书有 George Steiner 的 *Heidegger* (Fontana, London, and Harper Collins, New York, 1978, rev. edn. 1992)。更详尽、更遵循正统的导读是 Walter Biemel 的 *Martin Heidegger: an Illustrated Study*, 1973 (Routledge & Kegan Paul, London, 1977, and Harcourt Brace Jovanovich, New York, 1976)。非常有用的一本对《存在与时间》的导读是 Stephen Mulhall 的 *Heidegger and "Being and Time"* (Routledge, London and New York, 1996).

想要了解海德格尔的研究现状,可参见 *Heidegger: a Critical Reader*, ed. Hubert Dreyfus and Harrison Hall (Blackwell, Oxford and Cambridge, Mass., 1992) 和 *The Cambridge Companion to Heidegger*, ed. Charles Guignon (Cambridge University Press, Cambridge and New York, 1993)。后者对海德格尔作品的许多方面都有介绍,并配有相应的参考书目。

对海德格尔政治问题的探讨参见 Richard Wolin (ed.), *The Heidegger Controversy* (MIT Press, Cambridge, Mass., 1993), and Hans Sluga, *Heidegger's Crisis: Philosophy and Politics in Nazi Germany* (Harvard University Press, Cambridge, Mass., 1993)。最重要的历史文献是 Hugo Ott 的 *Martin Heidegger: A Political Life*, 1988 (Fontana, London, 1994 and HarperCollins, New York, 1993)。

John Macquarrie 在著作 *An Existentialist Theology* (Penguin, Harmondsworth, 1973) 中介绍了涉及海德格尔的神学探讨。道家、佛教对海德格尔的影响,参见 Reinhard May, *Heidegger's Hidden Sources* (Routledge, London and New York, 1996)。

对欧陆哲学非常有用的介绍有 Jenny Teichman, Graham White 合著的 *An Introduction to Modern European Philosophy* (Macmillan Press, Basingstoke, and St. Martin's Press, New York, 1995), 以及 David West 的 *An Introduction to Continental Philosophy* (Polity Press, Cambridge, and Blackwell, Cambridge, Mass., 1996)。

引用

14 页　Rainer Maria Rilke, "Concerning the Poet", in ***Rodin and Other Prose Pieces***, ed. W. Tucker, tr. G. Houston (Quartet Books, 1986).

110 页　Paul Celan, "Todtnauberg", in ***Selected Poems***, tr. Michael Hamburger (Penguin, 1990).

致谢

许多人为本书出版做出贡献,尤其提供了材料出借和其他帮助,在此向他们提出诚挚谢意,感谢 Michael Brook, Jo Gamble, John Giusti, Paul Lawley, Susan Prudie, Mike Roker, Anne Schneider 和 Philip Terry。

索引

Absolute Being 绝对存在 35，39
adequation 等同 112
aletheia 去蔽 112—113，120—122
averageness 平均性 67—68

Being 存在 1—3，5，11—22，41
 essential question 根本问题 165—166
 facticity 存在与实际性 48
 ~ and German destiny 存在与德意志的命运 104
 history of ~ 存在的历史 164
 meanings of ~ 存在的意义 25
 ~ as a play 作为嬉戏的存在 155
 truth of ~ 存在的真理 111—124
 types ~ 存在的类型 26—27
 "being-in-the-world" "在世界中存在" 53
 Being and Time《存在与时间》5，50—52，82，87，90—91
beings 存在者 19，118—121

care 操心 71，77
consciousness 意识 36—39，40，41，42
 phenomenology 参见现象学

Dasein 此在 49—56，58—95
 authenticity of ~ 的本真性 82—83
 averageness 平均状态 67—68
 in a "clearing" 在 "明敞" 中 115—120
 ~ and death 此在与死亡 78
 fallenness 沉沦 69
 ~ and Others 此在与他人 61—63
 ~ of the state 国家的此在 94—95
 ~ and time 此在与时间 77
 unity of ~ 此在的统一 71
deconstruction 解构 7，45，168

disclosure of beings 对存在者的揭示 118—121
earth, the 大地 127—128，147，149—150
ego 自我 39—40，47
emotions 情绪 42—43
empiricism 经验主义 18
ethics 伦理 89
existence, proving 存在论证明 18
 being 参见 "存在"
Existentialism 存在主义 6，83—88

factical life 实际生活 46
fallenness 沉沦 69，71，77
Four-Fold, the 四重结构 145—152

German language 德语 101—103，156—157
"Germanness" "德意性" 99
 参见乡村主义

Heidegger, Martin 海德格尔
 and art 和艺术 124—126，131，135
 background 背景 22，33
 deconstruction 解构 7，45
 Greek philosophy 古希腊哲学 25—28
 and Nazism 与纳粹主义 10，93—99，105—110
 and phenomenology 与现象学 41—42
 post-structuralist 后结构主义 7
 ruralist 乡村主义 8
 schools of thought 思想流派 4—10
 subjectivity 主体性 88
 theological studies 神学研究 23—24
hermeneutics 诠释学 6
 ~of facticity 实际性的诠释学 48
Histoire《历史研究》81，92

humanism 人道主义 86
Husserl, Edmund 埃德蒙特·胡塞尔 31—32, 35, 42—43
    consciousness 意识 114
    time 时间 75

individualism 个人主义 65

language 语言 136, 146, 148
    German 德意志 101—103, 156—157
linear time 线性时间 73
logical reasoning 逻辑推理 17

mass society theories 大众社会理论 64—66
mysticism 神秘主义 153

Nazi party 纳粹党
    attack on art 攻击艺术 126
    ~ and Heidegger 和海德格尔 10, 93—99, 105—110

ontic 存在者层面的 20
ontology 存在论 20—22

phenomenology 现象学 6, 31—43, 47
philosophy 哲学
    Greek 古希腊的 25
    modern 现代的 30
    scholastic 经院的 29

phronesis 实践智慧 44
poetry 诗歌 17, 109—110, 137—144
poiesis 创制 159—161
positivism 实证主义 18—19
post-structuralists 后结构主义者 167
    Heidegger as ~ 作为后结构主义者的海德格尔 7
presencing 到场 116
present-at-hand 在手 53—54
projection 筹划 70, 77

ready-at-hand 上手的 53
reduction, phenomenology 现象学还原 35—39
rule of substance 实体的准则 26—28
ruralism 乡村主义 8, 99—101

Scholasticism 经院哲学 29
solipsism 唯我主义 38
space 空间 59—60
subject-object distinction 主客体区分 31
subjectivity and Heidegger 主体性与海德格尔 87—88

technology 技术 158—165
thrownness 被抛 70, 71, 77
time 时间 71—77, 80—81
transcendental ego 先验自我 39—40, 47
truth 真理 111—124